四特 教育系列丛书 SITEJIAOYUXILIECONGSHU

U0724112

教师怎样进行
教学改革创新

《"四特"教育系列丛书》编委会 编著

吉林出版集团股份有限公司
全国百佳图书出版单位

图书在版编目 (CIP) 数据

教师怎样进行教学改革创新 / 《"四特"教育系列丛书》
编委会编著 . —长春：吉林出版集团股份有限公司，2013.1
（"四特"教育系列丛）
ISBN 978-7-5534-1032-6

I. ①教… Ⅱ . ①四… Ⅲ . ①中小学－教学改革－研究
Ⅳ . ① G632.0

中国版本图书馆 CIP 数据核字（2012）第 279791 号

教师怎样进行教学改革创新
JIAOSHI ZENYANG JINXING JIAOXUE GAIGE CHUANGXIN

出 版 人	吴 强	
责任编辑	朱子玉　杨 帆	
开 本	690mm×960mm 1/16	
字 数	250 千字	
印 张	13	
版 次	2012 年 4 月第 1 版	
印 次	2023 年 2 月第 3 次印刷	

出 版	吉林出版集团股份有限公司
发 行	吉林音像出版社有限责任公司
地 址	长春市南关区福祉大路 5788 号
电 话	0431-81629667
印 刷	三河市燕春印务有限公司

ISBN 978-7-5534-1032-6　　　　　定价：39.80 元

前　言

　　学校教育是个人一生中所受教育最重要的组成部分，个人在学校里接受计划性的指导，系统地学习文化知识、社会规范、道德准则和价值观念。学校教育从某种意义上讲，决定着个人社会化的水平和性质，是个体社会化的重要基地。知识经济时代要求社会尊师重教，学校教育越来越受重视，在社会中起到举足轻重的作用。

　　"四特教育系列丛书"以"特定对象、特别对待、特殊方法、特例分析"为宗旨，立足学校教育与管理，理论结合实践，集多位教育界专家、学者及一线校长、教师的教育成果与经验于一体，围绕困扰学校、领导、教师、学生的教育难题，集思广益，多方借鉴，力求全面彻底解决。

　　本辑为"四特教育系列丛书"之《教师全方位修炼》。

　　教师的职业是"传道、授业、解惑"，教师的职责是把教学当成自己的终身事业，用"爱"搭起教育的基石，用自己的学识及人格魅力，点燃学生的兴趣，促进学生健康、快乐成长。

　　俗话说："教师不能半桶水。"学生专业知识水平的高低，很大程度上受教师知识水平的制约，如果教师在教学中对教材分析不透，对知识重点把握不准，要点讲解不清，那么学生听过他的课就会产生一种模糊的、收获不大的感觉。因此，教师必须知识广博，语言丰富，学生才能学到真正的知识。本书从新世纪、新时代经济和社会发展的要求出发，从理论与实践的结合上，对新世纪教师素质及其修养的一系列问题，做了比较全面、系统、深入的阐述。应当说，这是一项十分有意义的工作。

　　本辑共 20 分册，具体内容如下。

　　1.《师魂》

　　教师被人们称为"人类灵魂的工程师"，担负着传授知识、传承文明、培养人才、提高民族素质的光荣任务。教师的最高境界需要"忙人之所闲，闲人之所忙"，从有到无，从无到有；从看教育是教育，到看教育不是教育，再到看教育还是教育，这就是对教育的最大贡献，让人的精神生活世界有生机、有活力、有智慧。

　　2.《以礼服人》

　　作为教师，我们要正确领会礼仪、礼貌、礼节、仪式和教师礼仪的概念，领会礼仪的地位和作用，掌握教师礼仪的原则、方法，坚持科学发展观，为构建社会主义和谐校园而奋斗。教师的一举手一投足，甚至一颦一笑，都蕴含着教育的力量。本书从教师的个人形象、教师的服饰、教师的语言、师生关系礼仪、教师与家长沟通礼仪、同事共处礼仪、集会礼仪和社会交往礼仪等方面，系统阐述了教师礼仪的一些基本常识。

　　3.《教师的一生修炼》

　　本书将重点探讨如下诸方面的理论与实务：职业规划——自我实现的教育生

涯、如何设计职业生涯、职业发展规划行动、教师入职与离职规划、新教师角色适应规划、教师专业发展规划、校长成长规则、职场诊断与修炼、潜能开发及享受学习化教育生活等。

4.《育人先做人》

教师是学生智慧的启蒙者,学生未来的引领者。教师的质量决定了教育的质量。教师的品质决定了教育的品位。教师人格的完善能够提升教育的水准。教育职业对教师人格提出了严格的要求:在教师自身的人格教育中不断提升自我,完善人格。人格教育是一生的工作,提升自我、完善人生会伴随一个人一生的历程。

5.《教育语言随心用》

本书内容涵盖了教学语言艺术和教育语言艺术训练的方方面面。从宏观综论到微观剖析,从课堂艺术到辅导艺术,从艺术对话到精彩演讲,从个性张扬到群体发展,从全体教育到特殊教育,质朴无华,内容充实,观点鲜明,为教师深入研究和准确使用教学语言和教育语言提供了可以借鉴的经验。

6.《师者无敌》

本书编写的基本理念是:从内容构架而言,以促进教师对自身职业的理解为基础,以增进教师职业人生的完善为基本目标,以启发、引导的方式来促进教师德性的自主形成;从编写形式而言,力求摆脱单一的理论说教,从当代教师职业生活实际出发,抓住主要问题,采取生动、灵活的语体形式,把精要的论述与典型的事例结合起来,注重该书的可读性。

7.《教师的信仰》

职业精神是教师不可缺失的最本质的东西。一个教师能不能成为好教师、名教师,关键是有没有职业道德,有没有职业精神。今天的教育,缺的不是楼房,而是文化与技术;缺的不是理念,而是行为与操作;缺的不是水平,而是责任和精神。教育的希望,在于教师良心的回归、精神家园的重建。只要有了良好的精神状态,我们就有战胜任何困难的勇气,就有奋然前行的动力。

8.《看透学生的心理》

学生的心理困惑从何而来?概括来说就是一"高"一"低":高,学生是个承载社会、家长高期望值的群体,自我成才欲望非常强烈;低,其心理发展尚未成熟,缺乏社会经验,适应能力较差。正是这欲望与不能之间的矛盾造成了学生的心理问题。我们编写了本书,是期望引导教师与青少年共同克服这一难题,去打开人生的成功局面。

9.《卓越教师》

突出骨干教师的培训,既是加强中小学教师队伍建设的当务之急,又是提高教师质量的长远之计。本书在编写上提倡以培训学科带头人为目标,以现代教育思想、现代教育技术、特级教师的学术报告,以及当前教改的热点问题为研究内容,源于实践又高于实践,可用做骨干教师的培训教材,也可用于普通教师的自我阅读与提高,以期使教师在不长的时间内达到或接近特级教师的水准,成为学科带头人。

10.《与学生打成一片》

如何做最受学生欢迎的教师，是每个教师都要思考的问题，也是每个教师都希望的，学校的课程很多，语文、数学、英语、科学、音乐、美术、体育等，每门学科都有自身的特点，每个学生都有自己的喜好，我们都能真正做到让每个学生欢迎吗？本书将教会教师怎样靠自己的才能和高尚的品德赢得学生的喜欢和尊重，让每一个教师都能成为受学生欢迎的教师。

11.《培养教师爱岗敬业精神》

本书从教师的角度，阐述了教师爱岗敬业所带来的深刻变化，介绍了爱岗敬业的途径和方法，从勇于负责、乐于服从、热情专注、自动自发、团结协作、勤奋努力、敢于创新、节俭高效等方面，结合大量教育实例和人生哲理，向广大教师提出了爱岗敬业的崇高理念和修炼方法，期盼每一个教师都能从中受益。

12.《教师职业道德与素质培养》

当前，各级教育行政部门和社会各界都非常关注师德建设，师德教育已经被列为教师继续教育的重要内容之一。本书以专题研究为主线，以典型的案例及案例分析为依托，从教师工作、生活实际出发设置情境、提出问题，突出师德教育的操作性和实效性。本书将适应新世纪对教师职业道德建设的需求，该书也适用于在校师范生及申请教师资格者学习。

13.《教师怎样提升教学质量》

每位教师的心里都有一个美好的心愿，那就是都想使自己的教学质量得到最大限度的提高。众所周知，教学质量是一个学校的生命线，如何提高教学质量是每一位教师时刻都在研究、都想努力做好的一件事。要让教育不平凡，出路就在于能突破平常很容易被封闭的平庸局面。优秀的教师，会善于用智慧慢慢凿开通向教育风景的出口。

14.《教师快乐工作指导》

教师工作细致而烦琐，教师不仅要组织好各种教育教学活动，还要保证学生的身心安全。长期的忙忙碌碌、精神高度集中，教师容易产生麻木、倦怠、疲劳的职业状态。为使教师消除职业倦怠，学会快乐地生活，愉快地工作，需要多渠道支持帮助教师进入积极健康的工作和生活状态，从心理、物质和精神上给予帮助和支持，让教师感受到集体的关怀和温暖。

15.《教师工作减压指导》

当教师很累,这已经是所有中小学教师共同的感受。中小学教师劳动强度很大，长此以往，就很容易使教师患上疲劳综合症，导致未老先衰，甚至英年早逝的恶果，对教育的可持续发展和教师队伍的稳定十分有害。中小学教师的过劳问题应当引起政府有关部门的高度重视，以人为本的科学发展观要落到实处，不要仅仅停留在口头上。作为教师个人，不要只等待有关部门的措施，必须想方设法给自己"减压"，以防被疲劳综合症缠身。

16.《教师文娱活动指南》

与家人、朋友一起开开心心消费课外时间，使身心从工作中彻底解脱出来，得到完整的休整，全面地恢复。要知道工作是永远干不完的，是没有最好的。教师需要多看到一些明天的太阳，让照亮别人的蜡烛燃烧得时间更久、更久……

17.《教师心理健康指南》

随着竞争愈来愈激烈，教师的工作节奏日趋紧张，精神上容易产生巨大压力，精神上和身体上的超负荷状态对健康是非常不利的。如果不注意休息和调节，中枢神经系统持续处于紧张状态，会引起心理过激反应，久而久之可导致交感神经兴奋增强，内分泌功能紊乱，产生各种身心疾病。本书力图从教师职业发展的实际需求出发，注重必要的理论引领与生动的案例分析相结合，突出专业性、应用性、操作性、可读性，可为广大中小学教师培训、自学提供借鉴，也可为高校相关专业学生的学习、研究提供参考。

18.《教师怎样进行教学改革创新》

立足素质教育的学理，探析课堂教学的变革，反思课堂教学实践，重新审视素质教育理论，正是在实践和理论的互动中探讨我国教育的现实与未来。

19.《从历代名著中学习教育思想》

撷取世界知名教育家在世界教育史上具有重大影响和学习价值的教育名著进行选读。每位教育家及其著作均有作者简介、成书背景、内容精要、名著选读等内容。本书结合这些教育名家的成长经历，阐述了不同名著的理论内容和实践特色，批判继承了中外历史上进步的教育思想，对于提高读者的教育理论素养，提升教育工作者的教学水平和创新能力具有一定的借鉴意义。

20.《向教育名家学习教育智慧》

着重介绍当代教育家的教育思想。中国是一个教育大国，理应对全人类的教育做出自己的贡献。在 2 000 多年的历史文明进程中，中国也确实不断为世界教育的进步贡献自己的教育思想、教育制度和教育智慧。中华人民共和国成立以来，尤其是改革开放以来，中国教育发生了深刻变化，取得巨大成就，同时也不断涌现出新的教育思想、新的改革成就和新时代的教育家。我国一大批教育专家学者上下求索、大胆实践，为教育发展出谋划策，为教育改革殚精竭虑。他们的学术思想和教育实践直接推动了我国的教育改革与发展，并将对今后的教育实践与研究继续产生深刻影响。

由于时间、经验的关系，本书在编写等方面，必定存在不足和错误之处，衷心希望各界读者、一线教师及教育界人士批评指正。

编者

目　录

第一章

教学改革

第一节 素质教育与课堂教学改革

素质教育的要求，具有强烈的时代色彩与民族特色。它一方面反映了在国际性的经济增长方式与经济社会发展模式正孕育着重大变化、中国社会主义市场经济正迅速发育的情况下，教育，尤其是基础教育正努力适应并服务于这些变化；另一方面又表现了新时期的教育实现自我完善与自我更新的努力。

实际上，适应变化也罢，实现自我完善也罢，都是围绕着"人的发展"问题展开的。党和国家的教育方针一贯要求要培养社会主义建设者与接班人，一贯要求促进人的全面发展。但是，在教育机会短缺的时期，在巨大的中国传统教育观念的压力下，教育工作者、学生家长及社会的方方面面，在更多的时候，是把儿童、少年视为"知识的容器"，是可以任由家长和教师加工的材料，至多也不过是"传道、授业、解惑"的对象，是只能接受成人训导和教诲的工作目标。在他们眼中，儿童、少年还不是一个有权利也有能力在一定程度上"自己决定自己"的人，不是一个可以独立于家长和教师之外而有自己意志与愿望的人。多年来，教育过于强调"灌输"，过于强调"文化传承"，过于强调成人对儿童、少年发展的决定性评价。这些都是上述教育观与学生观的反映。

应该说，上述认识并非全无道理。儿童、少年从"自然人"发展成"社会人"，确乎是在家庭、学校、社会的学习与实际生活中，在成人的影响与指导下完成的，他们的自我意识与基本学习能力，也确乎是在其受教育的过程中逐渐成熟起来的。所以，当我们把一个刚开始接受教育的孩子比喻成"一张白纸"时，似乎离事实并不遥远。但是，我们必须非常谨慎地运用这个比喻，非常谨慎地把握这张"白纸"的变化。因为实际上，婴儿从出生之时起即开始学习，从第一声啼哭就开始了自我意识的发育。从这个意义上说，人不仅是环境、遗传与教育的产物，还是他自己的产物，是他逐渐成熟的"自我"，在遗传、环境与教育的基础上，决定了自己不断变化的"面貌"。

这样一种观念，就是素质教育的教育观念，就是"把人当成人来教育"的教育观念。当我们说"人是教育的出发点，也是教育的归宿"时，我们所说的"人"，不是抽象意义的人，也不只是生物意义的人，而是那些生活在我们周围的，已经开始具有某种个人意志和愿望，已经具有某些知识和能力的，实际生存的男孩和女孩。他们可能很不成熟，也许并不知道自己真正的需要，他们确实对父母和教师还有极大的依附性，但是，他们毕竟是"人"，是应该也确实有个人愿望、意志和需要的人。他们应该受到尊重，他们有权利尝试生活，"发展"也只能是他们的主动行为。

抓住了"发展"是主体的主动行为这个关键，我们就抓住了素质教育的本质，抓住了全面贯彻党和国家的教育方针的核心，抓住了陈旧的教育观念最大的问题所在。

儿童、少年的发展，是在家庭、社会和学校的有意与无意的影响下逐渐实现的，由于这些影响千差万别，所以儿童、少年的发展必然是多姿多彩的。但是，作为以影响儿童、少年的发展为其主要职责教育机构的学校，它的主要活动都是在社会规定之中，就是说，是有计划、有目的、有组织条件保证的，这同时也意味着是有条件给予监督和评价的。这样就产生了一个矛盾，即一方面是学习者发挥主动性所带来的可能的发展多样性，另一方面是教育机构代表社会所要求的培养目标的统一性：统一的教育教学要求，统一的学习内容，统一的评价标准……当这两者发生矛盾时，我们应该偏向哪一方面呢？传统的教育观念，主要是强调"基础"的共性，强调人发展的"共同特点"，强调儿童、少年的不成熟性，于是天平向统一目标偏斜；而现代教育则相反，它更多地强调人的发展的多样性与不平衡性，强调学习者的选择权利，强调教育应该适应每个受教育者的需要。从这个角度看，"应试教育"的根本问题，就在于它把那个考试标准当成了全部教育活动的目的，它只追求让受教育者

达到考试要求，而不考虑这个要求是否完全合理，也不考虑这个要求是否适合于每个具体的儿童、少年，更不考虑这些受教育者在被迫追求上述目标时的情绪体验与内心感受。从这个意义上说，"应试教育"是传统教育弊端的直接反映，也是陈旧的传统教育导致的必然结果。

当然，强调教育要注意差异性问题，要从受教育者的实际需要与可能出发，是以承认教育是一种社会化的有计划、有目标、有组织的影响活动，并承认这种影响的合理性为前提的。因此，我们并不是对以杜威为代表的儿童中心主义的简单复归或完全认同，我们追求的并不是纯粹意义上的儿童自由发展，而是儿童、少年主动地在成人影响下实现多样的社会化，实现其作为多样的、变化的社会角色的主动发展。差异中存在着统一，统一体现在差异中间。儿童、少年当然应该学习许多"基础的""共同的""有普遍价值的"人类文明的精华，也可以运用某种通用的方法与标准对他们学习的结果予以评估。但是，我们同时应该承认，具体到某一位儿童、少年，他同样有权利学不会或拒绝学习某一内容，他的这种"落后"或者发展中的反复，也应该得到教育者的承认和尊重。在人类即将进入学习化时代的时候，重温《学会生存》中的一段话可能是有益的"我们可以说，人永远不会变成一个成人，他的生存是一个无止境的完善过程和学习过程。人和其他生物的不同点主要就是它的未完成性。"既然人的一生都是一个不断完善、不断学习的过程，那么，我们又何必要把儿童、少年的学习内容与标准规定得那么刻板划一，而又要求其必须全面"达标"呢？在以"选择"为标志的社会主义市场经济蓬勃发育的时代，给受教育者多一点儿选择与重新开始的机会，让他们早一点儿尝试选择，不是对他们的成长更有利吗？

承认应该尊重学习主体的选择权利，还需要重新认识课堂教学在学校教育体系中、在儿童少年终生发展过程中的地位与作用。这种认识包含以下几个方面的内容。

第一，既要承认课堂教学是学校教育的有效渠道，又要认识到课堂教学只是学校教育的渠道之一，它不能代替校风、班风、集体活动等学校其他教育渠道的教育作用，更不能代替学校教育以外的家庭、

社区、社会等教育渠道的教育作用。因此，要减少课堂教学及与之相关的作业、练习、复习等活动对学习者时间、空间的占领，要努力保证其他教育渠道有发挥作用的机会。

要减少"时空占领"，就必须加强教学改革，提高课堂教学的质量与效益。我们要提倡教师在规定的学时内，甚至用少于规定学时的时间来完成基本教学任务。为此，要采取多种方法调动学习者的主动性、积极性，要从学习者的认识规律与认识需要出发来组织"教"与"学"的活动。从这个意义上说，"减少"是在"加强"的基础上实现的，"减少"是在达成基本教学目标的基础上实现的。

第二，一方面，要承认知识学习是课堂教学的基本目标之一，要保证受教育者在基础教育阶段，特别是在义务教育阶段，掌握必要数量和质量的对其一生发展具有工具与奠基作用的基础知识，要保证人类文明传承的核心要求能够落实到绝大多数受教育者的身心发展之中；另一方面，我们又要充分认识到课堂教学目标的全面性，要承认学习是儿童与少年生活的组成部分，要努力使学习过程真正成为学生全面发展的过程，在教学实践活动中体现出教育目标的完整性。

由于受到传统教学观念、教学大纲和教材的限制，长期以来，我们十分重视知识教学，近年来，又比较重视运用知识解题能力的教学，这无疑有其必要性，也有其现实合理性。但是，知识经济时代的知识，并不仅仅是固化在书本上的知识，还包括大量生动的、不断变化的、能够以各种方式在社会中传播发展的实践知识。学习这些知识、发展这些能力的过程，就是一个人全面发展和走向成熟的过程，也是一个人永无止境的进步过程。因此，应该在重视基础知识教学的同时，更注重培养学生的价值观、生活态度与基本技能（包括学习技能、劳动技能与生活技能）。

德、智、体全面发展一直是教师的工作目标，但在实际教学中，一线的教师往往只关心"智"，甚至只关心知识目标，而不甚关心德、体诸育。这固然与他们的教育观念变革滞后有关，同时也是"考试指挥教育"的负面影响的反映。适当调整对知识的重视程度，努力落实

教学活动对学习者的全面导向作用，这既是一个必须实现的改革目标，又是一个必须审慎处理、小心从事的改革目标。这里的关键，一是教育者要真正把握并认真承认教学的本质是促进人的发展，并对人的发展与知识的关系有正确的理解；二是教育者要对学习者的基础、能力与需要有全面的了解与细心的体察。

第三，从发展是主体的主动行为的角度看，学习者的学习过程当然主要是主动的认知过程。但是，学生掌握知识的根本目的是应用，是为了运用这些基础知识去接受和拓展新的知识，构建和完善个人的认知结构，最终形成真正属于他自己的，能够为他所理解、所利用、所支配的个人认识体系。这些内化的知识，是个体的情感、态度、行为方式与价值观念的有机组成部分，是人之所以成为"人"，之所以成为"社会人""主体人"的基础，是人的生命存在的一个基本方面。

因此，在课堂教学中，教师要更加重视认知教学，重视指导和帮助学习者自己学习、独立消化，而不宜只强调"记住"教师提供的结论或"记住"教师给出的推导过程。中国古代的哲人已经懂得"授人以鱼"不如"授人以渔"的道理，已经在提倡"举一反三""循循善诱"的教学原则，现代的教育工作者当然应该做得更好。但是，应该说明的是，从现代心理学与教育学的研究成果看，生活中的"鱼"是可以授的，而学习上的"鱼"和"渔"，作为知识方法与技能，实际上是不能简单授予的。学习上的"鱼"和"渔"的获得，必须建立在学习者主动学习建构的基础上。有人说："知识不能是由自认为有知识的人'普及到'或'灌输给'自认为没有知识的人的；知识是通过人与宇宙的关系，通过充满变化的关系建立起来的，在这种关系中批判地解决问题，又继续促使知识发展。"说得更直白一点，学习者并不是按照教科书和教师的讲解去接受新知识的，一切新的刺激，都会作用于个体原有的认知系统，个体对这些刺激或接受或拒绝，而且接受的中间也会经过改造。在此过程中，个体不仅要改造新的对象，而且要改造自身固有的认知体系。这样反复接受，反复改造，人才最终在不断反复的变化中发展自己，发展人类的知识体系。儿童、少年当然需

要学习与接受成人已经创立的认识工具，不断学习运用各种"语言"，如"数学语言""艺术语言""物理语言"等去认识世界，认识生活。而实际上，由于不同的人掌握"语言"的能力不同，所以学生就有学得会与学不会的区别。而且，即使是所有人都可以掌握、运用的一般通用语言，也还有不同理解、不同阐释及不同深度等差异，个人的发展空间是相当广阔的。

为此，现代教师要更多扮演学习者的朋友、顾问和指导者的角色，而不再仅仅充当传道者或现成真理的提供者。

第四，学习是学习者一生都在进行的事。在人类已经开始进入"学习化社会""信息化社会"的世纪之交，强调学习的终身性，不但会促使教师改变对教学目标的认识，而且可以帮助教师以更加宽容的态度、更加科学的方法去处理教学中的许多实际问题。

首先，要认识到学校教育和课堂教学目标的有限性。在信息时代，在号称"知识爆炸"的今天，教师无法把人一生所需的知识，哪怕是基本知识，完全在人的正规学习期间全教给学生。系统教育，只是在"奠基"、在"开始"、在为学习者一生的持续发展（这就意味着必须"持续学习"）做准备，教师不可能、也不必对它求全责备。而且，即使是已经确定的有限目标（包括认知、方法、态度与价值观的目标），对于不同的个体而言，依然具有不同的意义。任何科学的目标，都应该给对象以选择的主动权，要求所有学习者在相同时间里完成相同的认识任务，是违背人的认识规律的。教师作为教育活动的组织者与主要评价者，应该以宽容的态度去对待那些未达标或暂时追不上"进度"的人，要给他们特别的帮助。

其次，要认识到学校教育和课堂教学目标的无限性。既然"教育的根本任务是促进人的发展"，那么学校就应该采纳"把人当成人，当成发展中的人来教"的原则。学校教育，课堂教学，都应从学习者一生的发展需求出发去构建自身的各种原则性的规定和方法。中小学的教育教学应该以促进学生的持续发展，以激励与保持学习者的进取心与探求勇气为工作目标。"对学生的一生负责"的要求，大大拓宽

了教师和学校的责任范围，这看来似乎苛刻的要求，正反映了"以人的发展为核心"的教育观念的本质特征。从这个角度说，课堂教学的目标是无限的，责任也是无限的，它鼓励一切有条件的学生，在教师指导下自主学习，向可能达到的高度努力。义务教育"下保底，上不封顶"的说法，正反映了学生发展目标的无限性。但要注意，这里讲的是发展目标，而不仅是认知目标，更不仅是知识学习目标。

最后，学习的终身化，不仅仅取决于学习态度与一般方法的掌握，更为关键的是要看学习者是否学会了在实际生活中学习，是否学会了自己找书本来学或在书本以外寻求其他学习机会，是否能在一生中通过多样化的学习渠道，确实学到一些东西。从这个意义上说，以学会认知和学会学习为目标的课堂教学，不应该局限在课堂，也不应该局限在教材或大纲规定的具体教学内容上，而应该是开放性的。教师应该充分考虑此时此刻学习者的实际需求；应该紧密而恰当地联系生产与生活实际；应该不断地用现代科学技术与生产实践的最新发展来丰富教学内容。因为教师与学校，正是可以通过这种带有示范意义的教学活动，来引导和帮助学习者学会学习、学会在实际生活中学习的。

从本质上说，现代的课堂教学，首先不是知识传递过程，而是学校、教师组织学生学习的过程；是教育工作者组织学习者在一定的计划指导下，按照一定的形式，学习和掌握某一确定的认知对象，从而实现学习者的某些内在的发展与变化的过程。拉尔夫·泰勒（Ralph Tyler）说："学习是通过学生的主动行为而发生的。学生的学习取决于他自己做了些什么，而不是教师做了些什么。因此，在同一班上的两个学生，可能会有两种不同的经验。假定教师正在解释某一个问题时，一个学生对这个问题非常感兴趣，而且把精力集中在教师的解释上，因而他能看出事物之间的各种关系，并能根据教师的解释，从自身的经验中找出某些例证；与此相反，另一个学生可能正在一心想着即将到来的篮球比赛，他正全神贯注于筹划这场比赛。显然，尽管这两个学生坐在同一个班上，但他们并没有同样的经验。教育的基本手段是提供经验，而不是向学生展示各种事物。"

在构建体现素质教育要求的课堂教学模式时，泰勒关于"学习经验"的说法，对教师有很大的启发意义。提供各种"知识"，包括泰勒所说的展示"各种事物"，并不一定是教育与教学。真正的教学，是让学生有机会、有可能从事学习活动，是学习者、教师和教学内容三者之间的相互作用。作为教育工作者，从走进教室的那一刻起，就必须时刻记住"学习首先是学生自己的事情""学习必须靠学生自己来完成"。在这里，笔者想再一次强调：主体性，是素质教育的核心。尊重学习者自己主动学习的权利，提供给学习者自己主动学习的条件与机会，不断帮助学习者学会主动学习，是教育工作者必须承担的责任。具体地说，根据近年来许多教师的实践经验，在构建素质教育的课程教学模式时，教师应该坚持以下几个原则。

第一，异步性原则，或者说个别化原则。学习者是不同的人，他们会在不同的学习内容的不同方面，或在不同的学习时期遇到不同的困难。所以，期望所有学生以相同的速度完成相同材料的学习并达到相同的掌握程度，是不切实际的。近些年来，"分类指导""分层测试""小班教学"及选择性分层次分班授课等教学改革试验，都反映了许多中小学教师正在班级授课的条件下积极进行异步教学的探索。

应该指出的是，虽然这些异步教学的探索表明，人们已开始注意到学生在认知能力与认知特点方面存在个体差异，但从总体上看，教育者对学生最终认知目标的要求及检测标准还是划一的。于是异步又变成了"好、中、差"的分类，即使教师对最低层次的学生在学习上确实有所关照，但这些学生的心理压力仍然是巨大的。

合理的做法应该是，其一，合理地扩大异步的范围，科学地扩大学习内容，从而使每个学习者都有机会在不同的方面表现其优势，让所谓的后进生也有机会"露一手"。其二，适当淡化考核评价的区分度，要更多地运用非量化的激励性评价手段，鼓励学习者发现自己在弱势项目上的发展潜力。要摒弃用一把尺子度量所有人的陈旧做法，给学习者更多的成功机会。其三，教学的异步应该更多地表现在"教"与"学"策略上。就是说，教学要适应不同学习者的不同特点，教师要在适当

的时间以适当的方式为不同的学习者提供不同的帮助，要利用不同的认识策略来满足学习者的不同需求，如果在策略上与方法上一刀切，教师就不可能真正实现异步的要求。

第二，尝试错误的原则。如果承认教学的最根本目标是指导学习者学会学习，那就应该为学习者提供足够宽松的时空条件，就应该允许学习者在尝试学习中犯错误。

人类的学习过程，只能是"尝试—错误—再尝试（校正）"的不断往复的过程，所谓"成功是失败之母"说的就是这个道理。令人遗憾的是，成人往往忘却这个基本道理，常常不允许儿童犯错误，常常要求孩子的每次作业，每次考试测验，乃至每次课堂提问都要百分之百正确。"小红花""100分"已经成为孩子学习活动中的两座大山，要坚决反对并大力纠正这种苛待儿童的做法，要从片面强调"竞争社会就要从小培养竞争能力"的认识误区中摆脱出来。因为，单单强调竞争，特别是让身心稚嫩的儿童承担过于沉重的竞争，甚至把这种竞争拓展到儿童生活的各个方面，同时又运用种种奖罚手段强化这种竞争，不仅不利于儿童、少年的健康成长，而且有可能酿出若干人间悲剧。对此，必须有明确的认识与坚定的态度，要努力运用科学评价手段为学习者开辟尝试错误的心理空间。

在教学活动中，教师可以通过对教学过程的设计体现尝试错误的原则。教师要创设条件，有意识地引导学习者发现问题，发现矛盾，发现真理。一方面，教师可以让学习者在某种设计好的条件下，尝试在若干关键点上，复演前人的创造发现过程，从而让他们获得某种情绪体验；另一方面，也可以让学习者直接从社会生产生活的实践中学习发现，让他们有机会运用学过的书本知识和实践技能去综合分析，去尝试得出某种认识，并进而验证这些认识正确与否。在这一过程中，教师帮助儿童、少年创设的情境越富于挑战性，学习者的尝试兴趣就会越强烈；这些具有挑战性的课题越缺乏现成的答案，在尝试中犯错误的学习者就越容易被他人理解和接受，他继续尝试的信心也就越足。

尝试错误的教学是一种重过程甚于重结果，重认识方法甚于重知

识把握的教学。要真正推广这种教学方法，不仅要改变现在的教学观念，还要改变现行教材的编辑方法，改变某些现行教材的文本样式。显然，这是一种根本性的变化。操作性的难度和阻力都不会少，对此要有充分的准备。

第三，合作的原则。在传统的教学中，教学过程主要被界定为师生之间的授受和交流过程，小组学习不占重要位置。在现代教学过程中，应积极促进学习者之间的联系，应该让学生在合作学习中学会与他人相处，学会善待他人、善待生物世界、善待大自然。

合作不仅是一种方法，还是原则和目标。因此，不能仅满足于采用小组讨论、分组实验、分组调查这些形式，还要看这些形式是否真正激发了学习者的合作意识与能力。比如同是组织分组实验，教师主要关注每个学生是否都掌握了实验要领，而国外有人则倡导让每个学生做自己擅长的事，用集体力量又快又好地求出结果。如果教师确实把"合作"当作教学原则和教学目标的话，即使像分组实验这样简单的问题，也还有不少可以研究或改进的地方。

合作原则的贯彻，不但要求在一定程度上改变评价方法，而且还要求改变某些学习的形式和内容。合作学习，最宜于在具有挑战性的课题中，在具有不同文化背景与认知优势的学生中实行，学习者之间的差异越大，合作就越难；合作越难，其成功后的效益就越明显。所以，要选择适当的内容并采取适当的形式来组织这类学习。这类学习当然有助于学习者更全面深刻地把握知识，但是其根本价值是在知识以外的，尽管组织合作学习是一种相当奢侈的教学方法（就其需要的时间而言），但还是要在各学科中积极进行尝试。

第四，结合的原则，或者说联系的原则。传统教学是以分科教学为主的，这是迄今为止最有效的传承文明成果的形式，是有利于用尽量少的时间向学习者传授尽量多的知识的方法。但是，面对知识经济的需要，面对现代社会日益复杂多变的个人需求，现代人最需要的本领是学会结合，学会把理论与理论、理论与生活、这样的生活和那样的生活结合起来进行思考。在选择社会里，人的选择是建立在将事物

联系起来思考的前提下，只会就事论事，只能死搬某个标准来衡量是非、判断取舍，是无法适应日新月异、变动不居的市场经济社会的。因此，应该坚持用辩证唯物主义的一分为二的观点，丰富中小学校的课堂教学，让实事求是的唯物主义精髓进入课堂。

事实上，生活中的现象都是综合的，其影响也都是多方面的。人们进行分门别类的专门研究，是为了从某个侧面深入事物的本质，这种研究的最终目的是全面把握事物的本质。然而分科久了，教育者往往只熟悉关心某一种"语言"，只关注某一套符号系统及其知识体系和分析（考证，于是错把本学科的"语言"当成唯一的科学"语言"，把本学科研究结论当成终极性研究结论。得鱼忘筌，忘记学科教学只是促进学生发展的手段，忘记还有许多其他的分析观察角度），乃至出现了种种不利于学习者全面发展的说法或做法。所以，教师在教学中讲结合，首先就是要结合不同学生的实际需要与实际可能，去处理教材和设计教学过程，要坚持不以教材"害"学生。

结合的原则在教学中的另一层含义，是强调学科之间的联系，强调书本知识和生活知识的联系。基础教育的教学内容大多是相当概括的规律性知识，而规律性知识最经济的组织方式就是构建学科知识体系。中小学教学内容的这个特点，使得教师很难把学科与学科联系起来，也很难把学生的学习和生活联系起来。所以，教师要在教学中贯彻结合的原则，就必须采取综合实践、科学实验、学科活动等多种形式，为学习者提供尝试进行跨学科学习的机会。此外，还可以采取补充实例、组织学生进行社会调查等形式，鼓励学生尝试把学科与学科、学科与生活联系起来。

从本质上说，结合就是创新，就是创造。学会结合的方法，就是要学会在相异又相关的事物之间寻找共同点，在一分为二的基础上认识世界的统一性和整体性。学会联系的方法，就是要学会看到别人看不到或忽略的东西，就是要学会在"异"中看到"同"，在"分"中看到"和"，这当然是创造性学习的过程。因此，教师引导学生学会联系的方法、结合的方法，即是在培养学生的创新意识和创造能力。

注重贯彻结合原则的课堂，一定是在某些方面突破传统模式限制

的课堂，也是富有创新意识和富有生命力的课堂。教师千万不要用传统的条条框框去扼杀这样的课堂，而应给学生更多发挥聪明才智的机会。

在课堂教学中，以上四项原则，是实现素质教育要求的课堂最值得注意的问题，也是传统教育观念与现代教育观念存在较多分歧的方面。还有一些问题，如量力性、基础性等，也存在种种不同认识，由于篇幅所限，本文暂未涉及。从总体上看，让素质教育走进课堂教学，既是一个待创造的课题，也是一个实际已探索多年的课题。任何新的教育理论，都根植于人类文明的传统之中，都是对传统教育中的精华因素的继承与发展。我们应鼓励广大一线教师从自身的经验与可能出发，积极创造各种各样的教学模式，努力实践素质教育理念。只要我们抓住教育的本质，尊重学习者的主体性，尊重学生之间的差异性，素质教育的探索与研究一定会呈现百花齐放的新局面。

第二节　素质教育与学校管理改革

提到素质教育可能每一位校长都能认识到其实施的必要性。学校教育和管理实际中，究竟如何才能使素质教育得到有效实施，是值得认真思考和探讨的。为此，建议校长首先要清楚素质教育的真正含义是什么？素质教育的有效实施需要建立怎样的学校管理模式？这一节笔者就这些问题进行讨论，为更有效地推进本校素质教育实施和学校管理改革提供一定的帮助和支持。

一、素质教育的含义

为了更明晰地认识素质教育的含义，建议校长首先自己谈一谈对素质教育内涵的认识和理解。

素质教育的内涵包括以下几点。

其一，关注每一位学生的生命价值。素质教育强调关注每一位学生的生命价值，是以普及和发展为目的的教育，不是以选拔为目的的教育，是为了给每个学生提供适合的教育，使他们充满快乐地、自信地、赋有情感和尊严地在自己原有的基础上得到充分的发展。

其二，关心每一位学生全面素质的提高。素质教育重视学生德、智、体、美、劳等方面的全面发展，不仅关注学生知识的学习与掌握，更要使他们拥有积极的情感、健全的人格、健康的身心、鲜活的个性及极具生命力的创新精神，为每一位学生今后更好地生存和发展、提高生命质量奠定良好的基础。

其三，促进学生生动、活泼、主动地发展。素质教育提倡学生主体意识的形成，关注学生创新精神和实践能力的培养，使学生自主地、积极主动地、充满活力地成长与发展。

明确了素质教育的含义，校长就要思考如何在所在学校有效地实践素质教育。为此，校长需要考虑影响学校素质教育有效推进和实施的主要因素有哪些？通过对学校教育理论的研究及实践经验的总结，可以概括出这些因素主要包括：学校的办学指导思想、师资队伍质量、课程设置、具体的教育教学方法、学校的办学物质条件及学校管理等。这其中，学校管理对素质教育的有效实施起着至关重要的作用，是素质教育得以有效实施的必要保障机制，缺乏这一必要的保障机制就会使素质教育在实施效果上大打折扣，甚至名存实亡，就会出现"轰轰烈烈地搞素质教育，扎扎实实地抓应试教育"的状况。可以说，学校的教育教学及其他各项活动，都是通过管理者有计划、有目的的管理活动来实施的，没有高水、平高质量的学校管理，学校教育的目标就不可能实现，素质教育便无法得到有效实施。

二、素质教育与学校管理创新

要顺应改革潮流，保证学校素质教育的有效实施，学校需要变革传统的管理模式，实施与素质教育相适应的创新的学校管理理念和模式。

（一）建立素质教育办学理念和管理理念

要推进素质教育，必须实施创新的学校管理，而这又必须从更新或改变教育观念入手。"观念决定行为"，没有思想深处的观念变革，

便不可能有真正的学校教育和管理创新的实践行为，学校素质教育改革则仅仅会停留在表面或形式上。

为什么素质教育提了20多年，现实中却始终无法真正落实？原因是多方面的，但学校教育者和管理者没有从思想深处真正认识和理解素质教育的内涵或实质，没有建立符合素质教育的办学理念和管理理念，不能不说是一个非常重要的原因。

每一位校长应该明确，素质教育与其说是一种教育方式或模式，不如说首先是一种价值取向，这种价值取向的主旨就是"关注生命，关注人的发展"，这是素质教育区别于以往一切教育的根本所在！素质教育不反对重视学生的学习成绩，但它更加强调关注每个学生的生命价值。它应该是充满了人性、人道和人情的教育，强调重视每一个学生的人格、尊严、情感及权益。让每一个学生在关爱、尊重、理解、宽容的氛围中积极主动地、愉快地学习，使之身心获得和谐全面的发展。现在倡导建立"和谐社会"，试想没有个人的和谐发展，哪里谈得上社会的和谐发展呢？缺少了生命关怀，学生即使暂时取得了好的成绩，也是在不堪重负、不断呻吟的状态下从事着毫无乐趣和生机、缺乏感情投入的知识背诵和记忆中，以丧失积极的情感、健全的人格、健康的身心、鲜活的个性、极具生命力的创新精神和能力为代价。这样的学生走上社会后，其生存和发展必然会遇到障碍。有人认为，目前教育中存在的最大问题在于对学生人格尊严的轻视、生命价值的漠视、情感关怀的缺失和权利利益的忽视。这是值得每一位学校管理者深思的！

素质教育，首先应该是充满尊重、情感、关怀的教育。离开了情感、尊重和关怀，一切教育都无从谈起。

其次，素质教育强调以培养学生的创新精神和能力作为其根本宗旨。现实中面对各类人才，社会各用人部门的反映具有高度的一致性：具有较强的创新精神和能力。作为学校管理者和教育者，不能继续漠视社会对人才创新精神和能力的注重，不能无视学生生来所具有的创新潜能，更不能忽视学生走上社会后提升其生命质量和价值的创新精

神和能力的培养和训练。

有人鲜明地提出：是否重视学生创新精神和能力的培养与训练是优秀教育家和教书匠的根本区别。为此，要有效实施素质教育，学校管理者和教育者必须树立重视学生创新精神和能力培养的理念。

再次，素质教育还强调个性化人才的培养。素质教育把学生个性的充分体现和发展放到了一个前所未有的重要位置，并将其作为学校管理和教育应该追求的重要目标。

因为个性是创造的前提，创造性寓于个性之中，不体现个性的教育是不利于学生创造能力培养的，是低效的。受教育者的个体差异是客观存在的，是自然现象，是学校管理和教育必须遵循的客观规律。可以说，学校素质教育改革的成功与否取决于教育者是否正视学生在发展中存在和产生的自然心理现象和规律。如果教师用同一的、标准化的模式要求每一个学生，就不可能给每个学生留出自我发展的空间，也势必会阻碍那些不适合标准化教育模式的学生的个性发展，使他们失去了成长和发展的机会。

最后，素质教育关注学生生命价值，重视学生创新精神和能力的培养，强调学生个性的充分体现和发展。这是每一位校长必须建立的根本的素质教育管理和办学理念。

（二）建立符合素质教育理念的创新的学校管理模式

作为校长，明确了素质教育的内涵与办学理念，便需要在其指导下，实施学校管理的改革与创新，使所在学校的办学质量得到真正的提升。每一位校长都应该明确学校管理创新既是素质教育改革的必然要求，也是学校自身存在与发展面临的必然选择。

1. 为了体现"关注每一位学生的和谐发展和生命价值"这一素质教育的最高宗旨和核心价值取向

作为校长，在学校管理中，应该尽力营造一个为了每一位学生的发展，关注和尊重生命价值的育人环境和氛围，使学校成员身在其中，耳濡目染，以对其思想和行为产生深刻而持久的影响。例如，在您所

在的学校，应该随处能够看到"为了每一位学生""尊重每一位学生生命价值""没有教不好的学生""相信自己一定能够成功""只有差异，没有差生""尊重和呵护每一位学生"等标语和言论。让这些充满着对学生生命关怀的标语和言论，时时刻刻刺激和充斥着每一个学校成员的感官，使尊重学生、关爱学生、相信学生的观念深深地根植于每个学校管理者和教育者包括学生的心灵深处，并成为学校成功教育的基石。

为了达到"关注每一位学生的和谐发展和生命价值"的目的，体现学校教育教学活动中真正的生命尊重与关怀，在学校管理制度中，应对教育者提出规范要求，如在学校管理中明确提出，不允许教师以任何理由教不好学生，不允许出现因为教师经验不足而把学生当试验品的现象存在，因为学生没有"下一次"。为此，可以考虑借鉴成功学校的做法，在学校建立"导师制"，规定刚进校的新教师应由有经验的教师或骨干教师担任其导师，实行导师责任制，并制定相应的考核奖惩制度。例如：给导师发带徒费和适当减免教学工作量；实行师徒捆绑式的考核奖惩，即师父带好了徒弟，徒弟取得了成绩，师徒一并获得奖励，否则，徒弟出现了失误，师徒一并受罚。也可以考虑在学校奖励工资的发放及评优、评先进等管理措施中，实行"一票否决制"，即只要有一个后进生就不能获得相应奖励和评选优秀，以保证使每一个学生都获得发展的素质教育理念真正落到实处。当然，要说明的是，后进生评估的标准要客观合理，具有可行性，应制定相对标准，关注后进生在原有基础上有所提高和进步，在非学业成绩如助人为乐、尊敬师长、文体及其他各项活动中的表现出色等。

学校还可考虑建立学生满意度分析制度，定期进行学生对学校管理、教育教学工作及教师行为的满意度调查，以便能够有针对性地提升学校管理与教育教学活动中的生命关怀，使尊重学生、关爱学生的教育理念得到真正体现。

2. 为了培养和训练学生的创新精神和能力

学校在教学管理机制中应倡导"自主、合作、探究"式教学模式，

鼓励教师设计并实施参与式教学，关注学生的学习过程而不是结果，改变传统的灌输式的教学模式，把课堂教学变为学生参与、探究、实践的过程。学校在评价教师课堂教学时，应对教师一堂课讲授的时间加以适当限定，从而保证学生的自主学习和探究时间。

作为校长，可以考虑在学校教育教学管理中，倡导教师进行个性化教学，允许教师在教学中多一些个人创意，形成自己的教学风格和特色，不要过于强调统一固定的考核评价模式。对于有改革创意的课堂教学，学校管理者在相应的管理机制中应给予肯定与奖励，如在年终考核中给教学有创意的教师设置"创意加分"，有创意加分，无创意不一定减分；在评优时可考虑设置"教学创意奖"或"教学改革奖"，而且不要过于强化改革或创新的成功与失败，也不要成功才奖励，失败不奖励。以鼓励教师不断改革课堂教学，创新教学模式。作为校长，应该建立这样的意识，即没有教师的创造性教育教学，就谈不上学生创新精神和意识的培养和训练。

3. 为了培养个性化人才，在学校应逐步考虑尽量提供机会，给学生以自主选择的权利

只有在学校教育教学管理中建立选择的机制，教育的个性化才能充分体现出来，学生的个性培养才能真正落到实处，如可让学生有选择教师的权利，将学生指导制度作为一项重要的管理制度。每一位教师在师生双向选择的前提下，指导数量不等的学生，导师对学生的思想、学习、生活及情感全面负责。谁来担任自己的指导教师，由学生自主选择和调换，有多少学生选择，将成为衡量教师业绩的依据，纳入教师的量化考核中。学校还可考虑允许学生根据自己的原有发展水平、需要和特长，自主选择课程和课堂。只有使学生拥有选择课程的自主权，才能使每个学生找到适合自己的课程和学习内容，将教学与学生发展水平特别是兴趣结合起来，使每个学生特别是那些不适应学校现有课程、学习进度和教学方法而沦为"差生"的学生获得发展和成功。学校也可考虑实行分层教学，让学生自主选择教学进度。实行单科快、中、慢班的弹性化教学管理，与传统仅为了应试的快慢班制

度不同的是，班级设置是按单科划分的，即一个学生很可能数学在快班、语文在中班、外语在慢班，而具体在哪个程度的班级，由学生自己选择。而且这种选择是动态的，学生可以根据自己的实际学习进度和提高水平，随时调整所在的不同程度的班级。这种教学制度是否可以考虑与固定的班级教学结合进行。这样的分层教学可以避免过去分陕慢班而造成的对慢班学生的不利影响。此外，一些学校尝试实行的让学生自主选择作业的做法也是值得借鉴的。在一个选择的校园里，每一个学生都能获得发展的机会和可能，而且有利于学生个性的张扬和自主性的充分体现。

4. 教学常规管理制度应体现一定的灵活性和弹性

应试教育下的学校教学管理制度，尽管规范、有序，但过于机械、死板、沉闷，缺乏活力。一些校长认为，学校管理制度的最佳境界就是整齐划一，强求教学要求、进度、质量、评价均整齐划一。忽视教学的个性与创造性，怎样备课、怎样上课、教师怎么教、学生怎么学，都有统一要求，都有固定模式，而且认为这才是科学管理。

学校的教育教学是一项十分特殊而复杂的工作，不同的教师有不同的教学特色和个性，不同的学生有不同的兴趣爱好特长和个性，所擅长的思维方法和学习方式均是不同的。只有根据学生的个体差异和具体情况，发挥教师的创造性，才能取得良好的教育教学效果。我们不否认学校教育教学中有一些共同的要求和目标，但若机械地强调绝对统一，无疑会抹杀教师的个性，压抑教师的创造性。教师没有个性和创造性，学生缺乏特色、活力和创新能力，素质教育提倡的培养学生的创造性使课堂充满生命力，使学生生动活泼主动地发展，就根本无从谈起。

为适应素质教育培养目标的要求，学校管理制度的制定在强调规范化的同时，应体现一定的灵活性或弹性。使教师和学生有创新和体现个性的空间和余地。例如：对教师备课环节的管理，不要求千篇一律，在明确教学目标和任务的前提下，应允许教师不拘一格，详略自由，体现个性；上课不一定强调课堂组织结构的完整性，主要看学生动脑、

动手、动嘴的程度如何，学生的学习效果如何。

如何评价一堂好课，是每一所学校都非常关注的问题，也是关系到整个学校改革方向的重要问题。

作为校长，认为评价一堂好课的标准，是以学生发展为本，还是追求教学环节的天衣无缝、教学艺术的完美无缺？

在教学实践中，有些课虽然很好看，很精彩，但学生只是配合教师在完成教学任务，完全是被动式的接受；而有些课学生思维活跃，积极主动参与，表面上看起来课堂结构组织得不是十分严谨，教师也没有口若悬河的精彩演讲，你认为这堂课是否成功呢？

（三）为教师营造一个宽松的教学环境

要做一名好校长，首先应了解自己的管理对象——教师，针对教师及其劳动特点采取相应的管理方式，这样才能提高学校管理的有效性，实现学校教育目标。

教师大都是接受过良好教育、具有强烈自尊心和进取心的知识分子。他们非常反感学校管理者盛气凌人的训斥和粗暴的管理，不喜欢控制式的管理。而希望能够在和谐宽松的学校环境中，得到校长及其管理者的理解、信任和尊重。这种理解、信任和尊重的体验，会极大地满足教师的自尊感和成就感，使教师对管理者产生知遇之恩，使其聪明才智和创造性得到充分发挥。

作为校长，建议在教师管理工作中确定这样的信条：少一点儿行政强制，多一点儿尊重；少一点儿疑虑，多一点儿信任；少一点儿不准，多一点儿自由。这种以共识、理解和感情为基础的管理，对主体意识突出的教师群体具有极大的感召力和影响力。校长不妨在自己的管理工作中加以尝试。

在此，特别强调应针对教师劳动的特点和素质教育的要求，给教师创造一个自由的工作环境和氛围。

校长是否听到或认可这样一句话，"自由是创造的前提"。创新的一个基本前提是必须有自由的心灵、自由的时空、自由的思维，只有赋予教师相对的自由、创新的意识和热情才能在其心灵萌动，才能使

其创造性得到充分的发挥。而有些学校给教师提供的创新自由实在是太少了，整齐划一的教学模式，不容置疑的标准答案，精确到零点零几的考评考核，时不时的"待岗"威胁……，在这种氛围下，教师还有多少创新的自由可言？

如果学校不为教师提供宽松自由的创新条件和环境，那么改革者不仅得不到应有的理解和尊重，反而会为此付出相当沉重的代价。这无疑将极大地挫伤教师的创新热情，压抑教师的创新欲望。在这样的环境下，教师只能是照本宣科、循规蹈矩，素质教育难以得到真正的实施。

作为校长，应了解教师工作的特殊性，诸如备课、进修提高及课程研究等往往要占用大量的时间。因此，在保证完成课程教学任务的前提下，尽量多给教师一些自由支配的时间和足够的空间。

第三节　新课程及其改革

学校课程是把教育理想转化为教育现实的纽带，课程改革是整个教育改革的核心。要使素质教育得到有效推进，应当从课程改革入手。作为校长，可能你已感受并参与我国新一轮基础教育领域的课程改革浪潮之中，体会到了此次基础教育课程改革的成果，同时也了解到此次基础教育课程改革步伐之大、速度之快、影响之广、难度之大，都是以往的课程改革所不可比拟的。它将对我国的基础教育乃至整个教育的发展产生深远的影响。

校长作为学校课程改革的组织者和领导者，主动投入和支持本校课程改革是其不可推卸的责任和使命。为此，每一位校长都应该了解和研究新课改，并积极投身到改革的浪潮中，为此次课程改革的成功贡献一份力量。

认识到课程改革的重要性可能并不难，真正难的是如何使改革得到具体实施。要使学校跟上教育改革的步伐，得到不断发展，作为校长，一定要了解和把握此次课程改革的基本思路和要求，并依据本校的具体实际设计和实施课程改革。

这对校长来讲可能并不是一件非常容易的事，尤其是此次课程改革没有先例可循，许多问题都在探索中，再加上各种因素造成的升学压力及学校自身条件的限制，课改的实际困难确实不小。但为了学校的发展，校长还得认真思考和探讨课改的有关问题。如面对课改，自己的学校应该做什么？如何去做？需要哪些支持和帮助？请试着对这些问题做出回答。

只有从思想上真正明确了以上问题，才能在实践中有效地推进改革。新课程改革涉及改革目标和方案的设计、课程内容、结构、实施、评价及管理体系的变革、教师的素质与参与、教育投入、整个社会的关注与支持、教研制度的确立等许多相关因素。为了能够在自己所在学校切实推进课程改革，求得学校的不断发展，你需要不断学习和研究新课程改革的各种相关因素，了解改革的主导思想和基本理念。以下笔者主要就新一轮基础教育课程改革内容、评价等方面的问题进行分析说明。相关的其他问题，还需大家在今后的学习与工作中不断研究和探索，以理清思路，提高认识。

校长需要了解和把握新一轮基础教育课程改革的目标，因为新课改的每一个步骤和环节都是围绕其改革目标而展开的。

一、基础教育课程结构改革

课程结构调整是课程改革的一项重要而关键的任务，课程改革的指导思想和预期目标都将通过课程结构的调整体现出来。

为了有效推进素质教育，实现新课程改革的预期目标，此次课程改革把课程当作一种系统工程来设计，并把课程结构作为这一系统工程建设的突破口，提出应建立多元化的课程结构，关注基础教育课程的综合性、选择性与均衡性。

关注课程设置的综合性，有利于加强课程内容与社会实践和学生生活实际的联系，提高学生的学习兴趣，使之学以致用。同时也有利于增强学科间的联系，淡化学科界线，适当减少学科门类，减轻学生特别是低年级学生的学习负担。特别是从小学至高中设置综合实践活动课程，包括研究性学习、社会实践及劳动与技术教育等，更有利于培养学生的创新精神和能力。

关注课程结构的选择性，不仅有利于体现每一所学校的主体性，增加课程设置的个性化和创新性，更重要的是有利于实现人才培养的个性化。培养个性化人才是素质教育的核心所在，也是现代社会对学校教育的基本要求。每一个教育管理者和教育者都应当建立这样的教育理念：面对有差异的学生，实施有差异的教育，实现有差异的发展。而学校课程的选择性正是有差异教育的根本体现。只有当这种课程的选择性充分体现出来，教育的个性化才能真正体现出来，培养个性化人才的目标才能真正实现。

关注课程结构的均衡性，有利于学生的全面和谐发展。学校课程设置应考虑各种课程类型、具体科目和课程内容应有一个合理的比例，保证学生可持续的全面发展。

二、基础教育课程内容改革

在课程改革的实施过程中，会遇到如何依据课程改革的目标和要求及所在学校的教育教学实际情况，有效选择课程内容的问题。课程内容是否选择恰当，直接关系到新课程能否得到有效实施和其目标能否实现的问题。在课改实践中，为了有效地选择课程内容，校长应对新一轮基础教育课程改革在课程内容选择方面的有关理念和要求有一个比较明确的了解和认识，以指导自己学校的课程改革实践。

我国新一轮基础教育课程改革，高度重视了课程内容的优化和完善，其目的在于改变课程内容"繁、难、偏、旧"和过于注重书本知识的现状，加强课程内容与学生生活及现代社会和科技发展的联系，关注学生的学习兴趣和经验，精选终身学习所必备的基础知识和技能，实现课程内容的现代化、生活化与适应性。

针对我国基础教育课程内容改革的理念和要求及存在的问题，现将改革基本思路分析如下。

（一）改变课程内容繁、难、偏、旧的现状

作为校长，是否认真考虑过学生学业负担过重，心理压力过大，厌学现象普遍的问题？是否认真了解和分析过导致这一问题的原因？只要稍加了解和分析就不难发现，这与学校课程内容繁、难、偏、旧有着相当大的关系。分析当前中小学所使用的各科教材，可以发现一个较为明显的问题，那就是其内容体现出陈旧、繁多、深奥、脱离实际等特点。课程内容存在的这些问题一方面使教师在规定的课时内很难完成教学任务；另一方面也给学生造成了过重的学习压力和负担，厌学现象非常严重，致使教学难以取得良好的效果。

1996 年，教育部组织对我国义务教育实施状况的调研表明，我国现行教学大纲要求过高，教学内容存在繁、难、偏、旧、窄的情况，90％的学生不能达到教学大纲所规定的要求。与世界各国相比，我国同一学段教学大纲所规定的内容知识面较窄，同一知识深度较深。更何况对于那些偏远落后地区的学校，面对这样的教学内容，更是很难完成教学任务，学生更加难以达到教学大纲的要求。

作为校长，在课改的过程中，应考虑自己学校的师资状况、学生的原有知识水平及学校的设施条件；还应考虑学校自身及所在社区的经济文化特征，对教学内容进行适当选择，以保证教师能在规定的时间内完成教学任务，大多数学生通过努力都能掌握规定的内容，并能将所学知识与其生活实际联系起来，增强课程内容对社会生活的适应性。

为此，在课程内容的选择过程中应首先确立什么样的内容对学生的成长和发展最有价值，将那些学生终身发展必备的知识、最有利于学生发展的基础知识和基本技能纳入课程内容中，每门课程标准的制定与教材编写应体现面向全体学生、适当降低难度，删除原有课程内容中偏难、偏深的部分，使课程内容呈现简洁、明了、有条理和新颖的特征，同时，使原有内容在教学方法上更加合理、恰当、新颖，提高学生的学习兴趣和效率。

（二）关注学生的实际生活和经验

每一位校长都非常关注自己所在学校教育教学质量的提高，希望

以高合格率和升学率回报社会并得到社会认可，从而树立自身和学校的良好形象。然而在实际工作中，可能时常感到力不从心，投入很大，收获却并不理想。

造成这种状况的原因可能是多方面的，但来自学生自身的内在因素恐怕不得不引起重视。目前，中小学生的学习兴趣普遍低落，学习热情基本不高，教学效果难以提高，教学质量无法保证。这与长期以来学校课程内容抽象枯燥，远离学生实际生活和经验有着很大关系。

教学理论的研究表明，复杂的学习领域应针对学习者先前的经验和学习者的兴趣拓展，只有这样，才能激发学习者的学习积极性，学习才可能是主动的。例如，国外学者在编写政治教科书时，并不从抽象的政治问题出发进行编写，而是完全以儿童日常生活经验中的问题编排教学课题。对此，我国在选择或编写教学内容时是否可以加以借鉴。

在日常的学校教育教学及管理工作中，教师是否注意到学生对参与式实践活动课的兴趣非常高，在这种类型的课程实施过程中，他们所表现出来的兴奋程度和积极性是在传统的课堂教学中很难看到的。为什么会出现如此现象呢？这是因为，学生所学习的内容是与其实际需要和生活经验相联系的，教学形式是他们所感兴趣的，是与他们的年龄阶段相适应的。

作为校长，在实施课程改革的过程中，应依据国家所赋予的学校在课程设置中的自主性，加强课程内容与学生经验的联系，使新知识、新概念的形成建立在学生原有经验的基础上。

（三）适应社会的需求与发展

教育的根本职能在于为社会培养人才，要为社会培养合格人才，学校课程内容就必须反映社会发展的需要。长期以来，中小学课程内容过于注重学科知识体系的完整性和系统性，过于关注考试选拔的需要，却较少关注社会上科学研究的最新成果和反映社会发展需要的知识，致使课程内容过于抽象、陈旧，缺乏时代精神，培养出来的学生难以适应社会发展的需要。

学生最终是要走进社会，体验社会生活，从事社会劳动。课程内

容唯有反映社会生活的需要，帮助学生了解社会和生活，使学校成为社会生活的一部分，才能体现课程的本质功能。为此，新课程强调应加强课程内容与社会现实生活的联系，使课程内容更加具体、更富有生活气息，如综合实践活动中安排了社会实践和社区服务的内容，研究性学习强调在社会生活实践中寻找和发现问题。此外，为了迎接新技术革命的挑战，新课程还力争反映现代科技发展的新成果，使课程内容具有时代精神，如新课程增加了关于信息技术、基因技术、核糖核酸等内容。

三、基础教育课程评价改革

要了解教学活动中教师教得如何和学生学得如何，必须经过一定方式的考试与评价才能得出结论。同样，要了解学校课程目标是否实现、课程内容的选择是否恰当及课程实施的结果是否有效等，均需通过课程评价来加以检验。可见，课程评价在学校课程体系中起着十分重要的作用。课程评价改革的好坏是关系到整个基础教育课程改革成功与否的关键环节。

新课程改革倡导"立足过程，促进发展"的课程评价指导思想，提出应实现课程功能、评价指标、评价主体及评价方式方法的转变，以促使学校质量提升、学生全面发展、教师水平不断提高。

每一位校长，在对学校课程实施和教学效果进行考核评价时，总是要面临这样的问题，即为什么评、评什么、怎样评、谁来评等问题。在这样的问题指导下的评价会对今后的教育教学行为起到一种导向作用。所以在制定学校课程改革评价体系和机制时，必须首先考虑这些问题，并给出有效答案。

（一）为什么评

作为校长，必须认真考虑学校课程评价的根本目的是什么？是为了根据考试成绩对学生进行评等和排队，将学生分为三六九等，将那些适合现有教育模式的学生选拔出来，加以重点培养，使之获得相应发展；淘汰那些不适合现有教育模式的学生，使他们失去进一步发展的机会呢？还是通过评价，使每个学生了解自己的成长和发展状况，并激励其不断获得更好的发展呢？

新课程鲜明地指出，课程评价的根本目的是促进学生的发展，而不仅仅是为了甄别和选拔。评价不应是"选拔适合教育的儿童"，而是"创造适合儿童的教育"。教育的宗旨应该是：为每一个学生的发展创造适合的教育，提供和形成一切可能的教育方式，创造有效的教育环境，提供适合于每个学生发展的教育。评价是为学生的发展服务的，而不是学生的发展为评价服务。只要学生通过某一阶段的学习和努力，在其在原有发展水平或基础上取得了进步，就应给予肯定和鼓励的评价，以帮助学生通过评价充分认识自我，包括长处与不足，然后确定努力和发展的目标。特别是对那些学业成绩相对较低的学生则应适当采用个人相对标准进行评价，只要比过去有进步，就应给予表扬与肯定，使他们从中获得激励、自信和进步的动力，不断提高自己，逐步向目标靠近，最终获得成功。总之，新课程评价的一个重要原则就是评价要使每个学生获益。

（二）评什么

新课程评价不仅关注书本知识和学业成绩，同时还强调对学生实践能力、创新能力、心理素质及情感、态度、价值观等综合素质的考察，以体现全面发展的素质教育理念。

建立适合每个学生发展的、符合学校自身实际的、切实可行的课程评价体系，是每个校长面临的非常重要且实际的问题，是学校实施评价改革和科学评价的前提。

每一个学校管理者和教育者都应认识到，决定一个人成功的因素不止是学业成绩，积极的情感态度、健康的心理品质、创新精神和能力、合作精神和能力、分析问题和解决问题的能力、鲜明的个性及正确的人生观、价值观等，都是不可或缺的重要因素。学校课程评价应从过分关注学业成绩转变为对综合素质的考核。

新课程评价要使每个学生都能获得发展，特别是使那些学习成绩相对不良的学生也能从评价中看到自己的优势，获得激励和自信。这

就要求学校建立多维度、多层次、综合的评价标准或内容体系，在这样的标准和内容面前，每个学生都能看到自己的长处与不足，确定自己努力的方向，找到适合自己发展特点的评价尺度。为体现多元评价标准，学校可考虑为学生设立多种奖项，尽量涉及学生发展的多个方面，以使大多数学生都能有机会得到肯定和鼓励。在新课程评价理念的指导下，目前一些学校开始尝试"个性式"学生发展性评价，设置一系列个性化奖项的评比，如品德、学习、文体、健康、特长爱好、创新、技能等；要求教师面对某个学生时，要问的不是这个学生是否聪明的问题，而是在哪方面聪明，教师要做的是运用多元评价标准诊断学生的智力优势，尊重每个学生的发展特质。这些都是值得借鉴的。

作为校长，在本校的课程评价改革中，应树立"多一把尺子，就能多一批好学生"的观念，要善于联系本校实际探讨总结出更加有利于学生发展的评价标准和内容。

（三）怎样评

新课程强调改变传统的将纸笔测验作为唯一或主要的评价方法或手段的模式，主张采用多样化的方法对学生进行评价。

教育是一种复杂的社会现象，学生的发展是综合的、丰富多彩的、充满个性的，而且也是复杂多变的，量化的纸笔测验很难对其给予准确而恰当的评价，往往会使复杂的教育问题表面化和简单化。学生的思想品德、情感、态度和价值观等是很难通过量化的纸笔测验方法给予评价的，这些指标往往比较适合运用评语、课堂行为记录、案例分析、作业、学习日记及成长记录袋等方式进行评价。例如，成长记录袋作为一种新兴的评价方式，开始被许多学校引入，它通过收集、记录学生自己、教师或同伴及家长做出评价的有关材料，学生的作品、反思，还有其他相关的证据与材料，以此来评价学生学习和进步的状况。成长记录袋可以说是记录了学生某一时期一系列的成长"故事"，是评价学生进步过程、努力程度、反省能力及其最终发展水平的理想方式。

（四）谁来评

多年来，可能人们已经熟悉了校长评价教师，教师评价学生的单

向评价模式，但这种评价模式会不会让人感到十分被动、沉闷、缺少主动性和活力，而且还常常难以获得预期的评价效果。

新课程评价倡导多主体参与评价的评价模式，特别是在学生评价中，更是提倡改变单独由教师评价学生的做法，让学生、同伴、家长乃至相关社区成员等多主体共同参与评价，使评价成为多主体共同参与和协商的活动。这种将学校评价、家长评价和社会评价结合起来的模式，不仅有利于体现学校教育的平等性和民主化，也有利于从不同的角度提供学生学习与发展状况的信息，使教师更全面地了解学生，学生更全面地认识自我。更多的参与者也能在平等、民主互动中关注学生的发展状况和需要，共同承担促进其发展的职责，有助于形成教育合力，形成全社会共同关心教育的良好氛围，提高学校教育的有效性。

目前，一些学校在新课程的评价中，尝试引入学生的自我评价、同伴评价、家长评价及相关社区成员评价等多主体参与评价模式。例如：有的教师采用"四心相连"（学生本人、同伴代表、家长、教师）的形式，让多主体参与评价；有的教师在成长记录袋中收集了"我说""同学说""家长说""老师说"等多主体评价信息。这些有益的尝试或做法体现了改变传统的单一评价主体为多主体参与评价的要求，取得了良好的实效性，值得借鉴。

第四节　学习方式、传播方式与课堂教学改革

一、人的学习活动的形式

人的学习活动主要有三种形式，即体验学习、发现学习、接受学习。

（一）体验学习

体验学习，是人最基本的学习形式。体验学习是指人在实践活动过程中，通过反复观察、实践、练习，对情感、行为、事物的内省体察，最终认识某些可以言说或未必能够言说的知识，掌握某些技能，养成某种行为习惯，乃至形成某些情感、态度、观念的过程。体验学习可以不通过语言工具实现，如婴儿认识母亲、小孩子识别回家的路、成年人掌握某种技术。例如：骑车的要领，都不必或者难以用语言来记忆表达；体验学习也可以借助语言工具来完成，甚或学习的对象本身即是口头语言或文字材料。又如，听一首诗的朗读或看一篇散文、小说，但是体验学习的目的在于追求语言文字表达以外的东西，追求理解、体验语言符号所代表的生活场景或思想感情，追求阅读者认识、行为、态度与观念的变化。

体验学习因其并非一定要借助语言工具来实现，所以它是一切较高等动物共有的学习行为，人类则既可以通过语言工具又可以不通过语言工具来进行体验学习，所以人的体验学习的效率更高，质量也更高。体验学习基础是在反复实践过程中的内省体察，是通过学习者不自觉或自觉地内化积累而把握自己的行为情感、认识外在世界，所以它必然是一种个别化的学习行为。外在世界（包括学校和教师）可以为学习者设置种种有利于实践与体验的学习环境，可以促成或阻碍学习者的学习活动，但是却无法取代学习者的主动行为。在中小学教育中，体验学习主要应用于情感态度的学习，技能技巧的学习，体育、艺术、品德教育、文学等都包含大量体验学习的内容，一些隐性课程、社会实践活动，也需要通过体验学习来形成或深化其学习成果。

（二）发现学习

发现学习，亦称"探究学习"，是指人通过对自然、社会现象或文字材料的观察、阅读，发现问题，搜索数据，形成解释，并对这种解释进行交流、检验与评价的过程。发现学习的基础是对材料（实在的或语言的）的观察或阅读；发现学习的难点在于通过联想、对比、勘验，提出问题，提出解释或假说，进行批判与逻辑思考；发现学习的基础是好奇心；发现学习的要义在于设计实验、搜集数据以验证假说的合理性，在于寻找多样化的问题解答或行动方案。

发现学习也是人类基本的学习方式，是一切科学发明、发现与知

识产生的基础。发现学习的关键是提出问题及解释，并验证问题及解释，所以发现学习往往要借助语言工具来实现。在一定意义上说，高级的发现学习是人类特有的学习方式。当然，最新的研究成果表明，某些高等动物也有类似人类语言的生命现象，所以它们也可以实现某种初级的发现方式的学习。

发现学习也是一种个别化的学习行为。虽然教学活动的组织者或领导者可以有计划地分解学习任务，可以让若干名学习者分别完成观察、阅读任务并提出解释，也可以让不同的学习者依次完成不同阶段的学习任务，但是，只有当学习者在自己发现或接受他人发现的基础上进行思考，提出假说、解释并进行验证评价之后，发现学习的任务才会最终完成。所以，发现学习是一种可以在合作学习环境下实现的个别化学习方式。在中小学教育中，研究性课程、实践活动课程及无时无刻不在的以学习者提出问题、进行解释为目的的主动联想、分析、综合、归纳的思辨活动，都是发现学习的佳例。发现学习，是学习者主体意识与创造精神生发的土壤，是传统教育最易忽视也是实施素质教育最需提倡的学习方式。

（三）接受学习

接受学习，是人类特有的学习方式。接受学习的对象不是自然与社会事物本身，而是前人或他人对二者的经验及描述解释，学习者通过阅读、倾听与研究获得知识技能与态度方法。接受学习必须通过语言符号这一工具系统来实现，学习者不仅要学习相关的语义系统与逻辑运算规则，而且要学会把符号系统所表达的见解经验在某种程度与个体的直接经验联系起来，从而最终认识自然、认识社会、认识自身。

接受学习是建筑在前人或他人经验基础上的学习，所以它必然是涉及传递双方的合作方式的学习。学习活动涉及两个以上主体或者可以以其中的一方为主导，也可以在多个主体之间通过对话、讨论来进行，如可以在一对多、多对多或多对一之间实现传递。由于语言文字可以超越时空限制，学习材料可以是前人或他人对自身或人类经验的科学归纳分析成果，所以接受学习不需要学习者事事亲身经历。这是一种高效的学习方式，也是可以有完整计划并进行精心组织的学习方式。接受学习的最大价值在于人类的新一代不必从零开始学习活动，他们可以通过继承接受前人与他人的认识成果而加速个体的认识发展过程，从而不仅使个体的有限生命能够更从容地面对无限的知识海洋与大千世界，而且使"社会主义建设者与接班人"的成长成为可能。因为，人类认识的精华、马克思主义的世界观与方法论，都是世世代代的人类思想家、实践活动家共同创造的精神财富，它不需要也不可能全都由每一代人类的生命个体去重新发现。正是有了接受学习这一方式，人类才能一代代接续着去认识与改造世界，从而能够超越其生物界侪辈，学习主宰自己的命运。接受学习，是人类最重要的学习方式，也是学校教育的基础形式。

当然，在实际的学习活动中，这三种学习方式往往是交错融通组合在一起发挥作用的。在接受学习中可能有体验学习与发现学习的成分，在体验学习中也会融入接受学习与发现学习的因素，而发现学习中同样会有接受学习与体验学习的加盟。由于各自所占比例不同、侧重不同，从而形成多种多样的学习模式。但是应该指出，从总体方面看，不但存在某类学习任务以某种学习方式为主、为适宜的现象或规律，而且存在误用学习方式的现象，后者则是影响学习者学习积极性与学习成效的重要障碍因素，也是教学效果不佳、效率不高的原因之一。

二、传统的中小学教育对学习活动三种方式的侧重

传统的中小学教育，十分重视接受学习，比较忽视体验学习，尤其忽视发现学习。这不仅因为接受学习是一种可以集体进行的便捷高效的学习方式，而且因为人们一直认定学生必须广泛继承人类精神文明的成果，并希望在其成长过程中少走弯路。

在接受学习的实践活动中，每一个具体的学习者面对的是人类集体的文明成果；是用严密的学科体系组织起来的人类认识与思辨的精华；是复杂的语义系统与逻辑运算规则，学习者不仅被要求去掌握这些人类历史中积淀下来的成果，而且被要求用这些多变的符号系统去

表达感受或解释生活现象。在学校教育体系中，由于存在权威、严谨的学科知识体系及其传播者，这固然有利于学习者高效快捷地掌握认识要点，但却削弱了学生提出疑问与另做解释的勇气；加上对于体验学习与发现学习的忽视，传统教育下学生发展的缺陷不仅是实践能力与创新精神的不足，而且是主体意识发育不良，是作为"社会主义建设者与接班人"的自觉意识、责任意识与权利意识薄弱，因而难以适应社会主义市场经济发展及在经济全球化条件下实现中华民族伟大复兴的社会需要。

所以，在推进素质教育的过程中，各地的教育工作者都在加强对学习者主体意识、创新精神与实践能力的培养，都在推动教育管理改革、教育体制改革与教育结果改革的同时，大力推动课程教材与教学方法的改革，努力创造新的教育，创造适应新教育需要的新的课程与教学。这种努力，表现为更加重视体验学习与发现学习，创设了研究性课程、小论文写作与劳动技术等实践课程，积极进行以科学实践与科技制作为代表的活动课改革，以及开设着力引导学习者深入社会、深入实际并学习承担社会责任的社会实践课等。特别是"研究性学习"，以学习者自主提出问题，展开调查，收集数据，形成解释并评价检验成果为基本环节，以有计划、有目的、有步骤的主题活动形式培养学习者的科学精神与创新意识，将教学与社会实践、科学研究联系起来，激发学习者的主动性与积极性，为他们的实践能力与创新精神创设良好的发育环境，已经成为当代教学改革的一个亮点。教学创新的另一种努力又表现为改进讲授技巧与丰富教学手段，借此提高学习者听讲学习的积极性，在现代教育技术的支持下，加强直观教学与演示、模拟实验，运用现代声像与计算机技术强化讲述讲解的效果，调动学习者多方面的心理需求，努力使学习者由"被动接受"变为"主动配合"教师的讲解，从而活跃课堂教学气氛，激发学习者的兴趣与爱好等。近年来进行的诸如计算机辅助教学、愉快教育、和谐教育、成功教育、主体教育等教学改革的尝试，也都取得了较好的效果。但是，应该承认，这些改革实验虽然在一定程度上提高了课堂教学效率，有利于学习者

主体地位的落实，但总体上仍未能充分体现学习者的主体作用，学习者活动的空间仍受到较大限制，从每位学习者的实际出发去组织教学，仍然难以真正实现。当然，现阶段中小学课堂教学以接受学习为主，接受学习又以教师口头讲授为主，这固然是由中国尚不发达的国情决定的，但在一定意义上也是由基础教育的本质决定的。因为，无论是研究性课堂、实践活动课程，还是远程教育网络，都只能是课堂教授的补充，都需要在接受学习的基础上进行，都需要在学习者掌握必须的读、写、算、交流、分析、综合等基本学习工具或方法的基础上实现。因此，教学改革的目标不仅是要加强体验学习、发现学习，关键是要改善接受学习，要积极探求接受学习的新形式。

三、从传播的角度看，接受学习也是一种传播形式

从古到今，人类的传播形式大体有四种。第一种形式是口头传播，主要是由巫师或圣者作为神祇或自然的代言人，用耳提面命的方式，传达神祇或自然的意旨，那些复杂的象征性仪式与咒语，只有经过代言人的解说才能为受众知晓。神祇及其代言人是主宰者、是主动的，广大受众则只有奉命唯谨、照办不误的责任。后来的英雄传奇和神话传说，也是通过游吟诗人或史诗故事讲述者的口头传播，虽然神圣的光环有所减弱，但传播者与受众的地位高下与主动被动关系却保持不变。第二种形式是文字书籍传播。文字与印刷术的发明使传播活动超越了活的个体的生命限制，传播可以跨越时空限制在受众的主动选择下进行。虽然受到经济条件的制约，读书人想找到文章或书籍并不容易，著作人想把见闻与思想变成文章或书籍也有困难，但是受众（这时叫读者）毕竟有可能挑选读本，也有可能放弃阅读，甚至还能用加批注的方式与他人甚至是古圣先贤进行"对话"或"讨论"。虽然著书是"圣""贤"的特权，虽然书籍往往是"经典"的同义语，但是随着印刷术的普及，读者群开始出现，这就使受众（读者）的权利开始纳入著作人的视野，他们的地位也开始有所上升。第三种形式是大众传媒，尤其是以电视为代表的现代传媒，因为音像传播需要投资巨大的设备

支持，传播权重又成为少数人（电视台老板、主持人、明星与节目制作人）的特权。尽管受众（这时叫听众或观众）可以用频道开关来表示不满，然而无形的巨手却会指挥许多掌握传播权利的人，用最直白浅显的图解方式（如肥皂剧）剥夺受众的思考权利，以致创造出"电视痴呆症"的怪病。大众传媒声情并茂、生动形象的基于图像与口头讲解的传播形式，加大了信息流通的速度与广度，也影响了接受者主体性作用的发挥。第四种形式是网络媒体的出现。以文字文本为基础，辅以多媒体的信息网络，不仅使信息数量千万倍地增长，而且大大提高了信息的传播质量，文字与图像、声音的巧妙结合。实时交互的特性，使阅读者的阅读兴趣、选择权利得到尊重。网络传播淡化了传播者与受众的界限，甚至让每位上网者都有了发布信息的权利，也都会产生面对信息海洋手足无措的困惑。网络传播时代，是新的阅读时代，是需要学习者以更强的主体精神去积极探索，去解释、加工、改造信息的时代。这种"学习化社会"的学习方式，应该是一种新的学习方式。

从这样的角度反观教育活动，传统教育似乎是停止在口头传播时代的传播活动。虽然有了各种权威的教科书，有了各种参考读本、实物模型、词典与互联网，学生的知识却还是听来的，人们还是以"教师讲、学生听"的方式来完成传播任务。在课堂里，许多理科教师讲述的内容甚至例题都与教科书并无二致，学习者的主要本领是学会听讲，教师的主要责任是讲解教材，一些学生甚至形成除了找题不看教科书的习惯；这中间语文课似乎例外，课文终究要读一下，可惜考试内容却往往是对课文的解释，是教师传达的各种微言大义，结果关键还是听讲，文本阅读依然不起太大作用。在这样的教学观念影响下，学习者虽然在学校进行了系统学习，也认识了若干个汉字，然而却不会、不喜欢、不习惯阅读，尤其没有学会通过阅读来学习新知发展自己，当然也就很难适应学习化社会的要求。举例来说，当前社会上各种名目的培训班、学习班、提高班风起云涌，花样繁多，人们似乎只有重新听讲，才能学会新知识，甚至自学高考这种以"自学"命名的制度，相伴而生的仍是各种以辅导为名、以面授讲课为实的学校，阅读学习

总是竞争不过听讲。

人类即将进入以阅读能力为基础的信息网络时代，每个民族都需要整体提升学习能力以缔造学习化社会，教育者应该更加关注学习者自主阅读能力的发展。因为，教育者我们在教学活动中更加关注学习者阅读学习能力的发展，有意识地帮助学习者从与书籍（教材、报刊、一般图书、网络世界）建立直接联系中获得发展，并使教师从重复材料、转述教参的繁重任务中解脱出来。而以创造性的指导阅读、解答疑难和创设学习环境作为主要的工作方式，就一定会大大提高学习活动的效率，大大增强学习者的主体地位与选择能力，从而在班级授课制条件下，实现接受学习乃至整个教育的现代发展，使其更具有因人施教、开放、民主、高效等特点。

一般来说，在多数传统色彩浓重的课堂里，听讲式的接受学习中教材、教师与学生的关系是这样的：

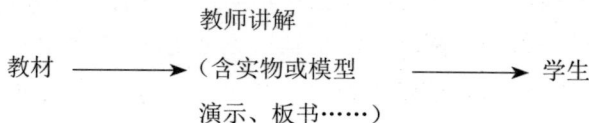

教师讲解

教材 ——————→ （含实物或模型 ——————→ 学生

演示、板书……）

教师是教材与学习者的中介，学习者通过教师的讲解与教科书建立联系，教材也许很重要，但又不太重要，因为有经验的教师可以脱开教材靠记忆讲课，而学生则是靠听讲学习。

现代以阅读学习为主的接受式学习的课堂里，教学关系则是这样的：

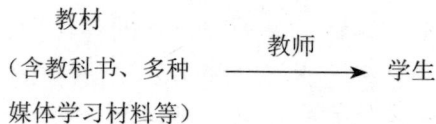

教材

教师

（含教科书、多种 ——————→ 学生

媒体学习材料等）

教学是在教材与学习者之间直接实现的。教科书是学生学习的对象，是完成学习活动的必备条件，不去阅读就无法获得新知识；而教师主要是学习活动的催化剂，是"学习反应"发生的重要条件，是学习者阅读活动的组织者、指导者与帮助其解答疑难、参与讨论的人。当然，教师还负有讲解的责任，特别是在学习者刚刚入门不会阅读的

时候，在学习者存在较多的共同疑难必须解决以继续学习进程的时候。但是，要尽力促进学习者与教科书建立直接的联系，要努力培养他们的阅读学习能力与阅读学习习惯，则是现代教学的基本要求。

当然，如果把接受学习的两种形式结合起来，还可以在教师、教材与学习者之间建立起一种更理想的全面互动关系：

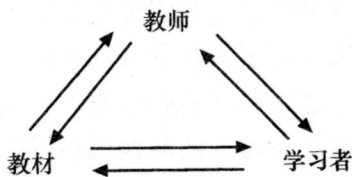

这是一种基于网络的教学方式，教师、教材与学习者之间动态互补。教材既是学习者学习的对象，又是学习活动的成果，每个学习者都可以修正、补充教材；教师既是学习活动的组织指导者，又是一定条件下的知识传播者，是教材的修正者或完成者，他们的责任是把各种文本的教材组合得更丰富多样，切合社会生活与学习者的实际需要；学习者与教师、教材都建立直接联系，对他而言，后两者可能都不仅限于某一固定对象，而是一个群体，一个集合，他们与两者之间可以直接对话，实现双向交流，学习者因而成为主动求知的人。在这样的教学环境中，教材已不限于传统的、固定的文字文本形式，而是由文字与多种媒体及动态的教学过程组合起来，有多种面貌与多样变化的生命形式，是实现在教师与学习者生命活动之中的动态整合过程。课程最终实现于教学之中，所指的就是这样一种全面互动的活动过程。正是在这个过程中，教师的教学工作的根本价值才得以充分体现，而学习者的接受学习也才更具有生命力与长久意义。早些时候的黎氏教学法，卢仲衡教改实验，近年来福建省"指导—自主学习"实验，北京15中以"中心协调""适时转替"为基础的"指导—作业方式"教改实验，都是建立上述教学模式的尝试。如果能在网络条件下，进一步转变课程观念、教材观念与教学观念，那么就有可能在阅读学习与听讲学习的结合上，进一步开辟接受学习改革的新前景。

四、学会阅读学习的重要性

学会阅读学习，既是学习化社会个人基础学力的核心部分，又是网络时代接受学习的基本要求，这应该成为新时期教育科研与教学改革探究的重点。

这里所讲的阅读学习，包含通过发展性阅读与功能性阅读两种方式来学习，其中更重要的是功能性阅读。发展性阅读，是指以发展基础阅读能力为目的的阅读，其主要任务是识字、掌握阅读技巧、增进理解能力（包括掌握一定数量的词汇），形成良好的阅读习惯，发展有一定速度的流畅的默读、朗读、速读技巧，理解阅读材料的意义并作出评价的能力等。功能性阅读，是指以获取信息为基本目的的阅读，按照美国学者 A.T. 哈里斯（A.T. Harris）的观点，功能性阅读应具备的能力因素有：对阅读材料的检索能力（应用索引、图书、卡片、档案等寻找信息）；对信息资料的理解能力（包括一般的阅读能力和专业的阅读能力）；对所需材料的选择能力；对所读材料的组织能力（概括、提纲引领等）。就中小学教学而言，培养发展性阅读能力，主要是语文，特别是小学语文课的重要任务，教师应该着重指导学习者掌握基本的阅读技巧和增进理解能力，并在阅读实践中锻炼其良好的阅读习惯，从而为其发展功能性阅读能力奠定基础。当然，其他学科也同时负有培养发展性阅读能力的责任，如如何阅读数学书籍就不能全由语文教师去指导。培养学习者的功能性阅读能力，让学习者通过阅读学习新知识，发展新能力，形成新的价值观念与态度，则是所有使用文字或网络教材进行教学活动的学科（包括语文学科）的共同任务。

在信息网络时代提倡"学会阅读学习"，不仅是提倡识字或提倡读书消闲，而主要是指学会功能性阅读，学会通过阅读获取新知识，发展自己。为此，学会阅读学习，至少应该包含以下四项要求：学会检索，学会提问，学会讨论，学会验证。

学会检索。学习者应该学会在速读或浏览中发现新鲜信息，学会在大量的信息中筛选有价值的信息，学会在不同的著作或篇章中选择相同相关的信息，学会发现信息之间的联系与矛盾，还要学会在获取信息的过程中及时调整既定目标、修正个人认识等。总之，既然是有目的的阅读，就不仅要围绕目的进行阅读，而且要在阅读中转变自己。

在这里，检索首先反映的是主体状态，是学习者对信息的取舍态度和处理方法。越是成熟的学习者，越是知识丰富、判断力强的学习者，其检索能力必然越强，其阅读学习效率也会很高。

学会提问。提问是理解的基础，也是阅读的关键环节。学习主体在筛选信息的过程中，必然伴以大量的联想、提取、建构、解构的思维活动，使新的信息符号与个体头脑中的信息符号及记忆表象结合起来，从而接纳理解新的信息或者修正固有的认识。学会提问，就是要学会寻找新信息之间、新旧信息之间的矛盾，寻找信息符号与记忆表象乃至生活实践之间的矛盾，并在诸多矛盾中发现其间的辩证统一关系。没有问题就难有理解，而没有理解，新信息就不能成为个人认识的有机组成部分，所以，提问是阅读学习的重要环节之一。提问可以是显性的，也可以是隐性的，但无论如何要学会发现问题，"尽信书不如无书"，完全拜倒在书籍面前，以为"上了书"的必定是对的，缺乏批判性思维能力，是主体性不强的表现，也无法进行有效的学习。

学会讨论。这里讲的讨论既包括显性的个体与个体之间的讨论，也包括同一个体头脑中进行的隐性讨论，即自己从不同角度想想，自己同自己讨论。讨论的基础是倾听，是在阅读中、在生活中主动获取与自己相同或不同的意见，听取反对的意见。讨论的关键是寻找证据，是为自己或为对方寻找实际的证明或证伪的材料，寻找观点主张的逻辑关系。对学习者而言，学会讨论的基础是学会倾听，学会在实际的与逻辑的证据面前修正自己的认识，服从科学真理而不为情感或利益左右。学习者还要学会与同伴、与不如自己的人讨论，学会同强过自己的人、同长者或权威讨论，正是在这种讨论中，学习者个人的阅读行为，会转变为学习者之间及学习者与其他社会成员的交互影响、交互启发的合作活动，从而把个人学习与合作学习结合起来，实现个人阅读活动的社会化。在网络世界中，实时交互的信息传递，正是现代阅读形式的重要发展，也是讨论的一种新形式。学会讨论的重要价值在于它把学习者置身于社会背景之中，置身于交流的环境里，促使学习者在参与过程中实现德、智、体美诸方面的协调发展，从而把学习

过程与发展过程进一步统一起来。

学会验证。阅读学习既然是一种学习活动，就不能停止在文字文本的观看或个人思考的层面上，而一定要与学习者的实践活动联系起来，因为真正意义的深层次理解，也必然要以人的实践活动为基础。学会验证，就是学习者不但要学会搜集现成的数据，而且要学会设计实验方案，设计调研方案，取得新的数据或证据，来证实或修正个人的认识，证实或修正文章或书籍中的观点。包含验证在内的接受学习才是完全意义上的接受学习，前人或他人的认识成果，只有经过验证才能完全转化为个体的知识。学会验证是学会阅读学习的目的或归宿，只有学会验证，学会在实践活动中运用所学的知识技巧去解释实际问题、改造实际状况，人们的认识才会产生新的飞跃。在面对以创新为特征的新世纪的严峻挑战时，自觉地把认识与实践结合起来，在实践中完善自己的认识，不仅是体验学习、发现学习的要求，也是接受学习的最高标准。当学习者把学习同实践联系起来，把学习同实现中华民族伟大复兴的事业紧密联系起来，学习就会更有实效，更有动力。就中小学教学而言，验证可以有多种方式，也会因种种条件限制而无法全面展开，但是，必须在培养阅读习惯的同时培养验证意识，必须尽可能创造学习验证的机会，培养其相关技能态度，这是一个原则问题，是一个必须认真实现的要求。

学会检索，学会提问，学会讨论，学会验证，并不是学会阅读学习的全部内涵，而且其中若干认识与活动机理学习者至今还不能完全把握。但是这四者确实是传统教育中比较容易忽视，而在中小学教学实践中也是比较薄弱的方面，又是改进接受学习的富有生命力的突破口，是提高教学质量、效益，适应学习化社会发展的关键要求，是需要在教育科研与教学改革实践中着力探索的方面。只要各方面有识之士共同努力，我们就能够在这些方面取得更加深入的成果，以接受学习为主要方式的学校课堂教学，也会在网络背景下迈上新的台阶。

第二章

教学创新

第一节 课堂教学的本质与好课评价问题

现代教育理念指导下的课堂教学的本质到底是什么，在这样的理念要求下应该怎样创造好的课堂教学，怎样评价课堂教学，这是当前基础教育改革与发展的关键问题之一，也是争议很大的问题，本文只是笔者个人的一些不尽成熟的思考。

一、课堂教学活动的本质

对于课堂教学活动的本质，历来有不同理解，约略说来，主要有以下三种认识。

第一种认识，认为教学活动本质上是传授知识的过程，或者是传授知识与培养能力的过程。例如《简明国际教育百科全书》中关于教学的第一个描述性定义，即主张"教学就是传授知识或技能"。《不列颠百科全书》也把教师定义为："进行教授工作的行业，尤指在小学、中学、大学中从事教学的人，通常必须符合某种要求。标准因国而异，但通常包括受过正式的教育或训练，具有某一学科领域的专业知识，取得从事这种工作的证明或许可，并保持不断更新和扩充的业务水平。"虽然《不列颠百科全书》的编者也承认在不同文化背景及学生面前，教师的角色并不相同且相互冲突，但"教授"和具有"专业知识"仍然是基本要求。

第二种认识，认为教学活动的本质是师生双方的共同活动，是由教师的"教"与学生的"学"组合起来的共同活动过程，主张"教学是教师和学生之间的共同活动。在这个过程中必须有可供教学的教材，因此，构成教学的基本成分是：教授——教师的活动；学习——学生的活动；教材"，并特别解释说："教学就是这样在教师的教、学生的学与教材这三者的复杂相互作用中展开的统一过程。所有教师的教授活动与学生的学习活动，是一起以教材为媒介，在现实中探求真理的认识活动，是师生双方共同的认识活动。"

这种"师生双方共同的认识活动"的主张再一步发展，就走到了后现代教育学、教育阐释学的主张，形成了第三种认识，即认为教学的本质是"对话"、是"交流"、是"沟通"，认为教学实际上是师生以教学资源为中介的交互影响过程，是一种特殊的人际交往活动过程。

第一种认识是比较传统的看法，所谓教学的本质是传授知识与技能的过程，就是定义教学为特殊认识过程，其特殊性在于它不是去直接认识社会、自然现象，而是通过前人对自然、社会的认识来认识，即所谓"间接经验说"。持这种看法的人认为，学习者要在较短的时间内接受人类历史积淀下来的主要认识成果，所以他们无法重复人类的全部发现过程，只能从前人的转述中，从教师有目的、有选择的实践案例中，掌握这些前人的发现、发明。这是儿童、少年认识世界的特殊性，也是儿童、少年认识有效性、高效性的保证条件。既然教学过程是传授、传递或者培养，掌握主动权的必然是传授、传递、培养计划的制订者与执行者，必然是掌握着系统的社会经验，掌握着传递、传授或培养内容的教师。因此，在这样的教学观念指导下，教学过程往往成为以教师行为为主的活动过程，一般都是教师在有选择地讲解、讲述、说明、演示，教师自身也自然地成为知识的代表，成为学生效法与模仿的对象。教学活动的基本形式是"讲一听"式，教师讲，学生听；教师说，学生记。应该说，在没有教材甚至没有书籍的古代社会，实际上确是"师之所存"，即"道之所存"，离开了教师，就没有教学，也没有学习。一切有"道"的人，有知识的人，包括"吏"（秦王朝曾主张"以吏为师"），都是有"教师"身份的人，只有他们才能进行教学。因为所谓的教学，就是口耳相传，就是依靠教师的讲述和记忆。秦始皇焚书坑儒，儒家经典是靠伏生背诵，让别人用"今文"（汉代的隶书）记录下来，这才有了儒家的今文《尚书》等经典著作，有了"独尊儒术"的依据，由此可见教师地位的重要。到了造纸术、印刷术发明以后，特别是到了现代大众传媒极其发达的今天，已经有了

大量的可以传递知识信息的文字教材、多媒体材料，有了发达的信息网络，可是，还有一些教师仍然以通过讲解传递知识为第一要义，也还有一些学生以听讲学习为不二法门。在这些人看来，书籍、教材上的内容仍然是只有讲过才能放心，只有听过才能学会，所谓教学，就是传递；所谓学习，主要是听讲。

显然，在网络时代，在新知识、新信息大量涌现的时代，如果教学依然只强调"讲—听"式，不仅传递文化的任务无法顺利完成，而且学习者也会因其阅读能力低下而无法真正适应网络条件下的人类生存方式。应该说，强调儿童认识的特殊性，强调儿童应该以学习间接经验为主，应该以继承社会经验为主，既符合教育发展规律，也符合当前教育工作实际并适应信息时代社会进步的需要。但是，认为种种间接经验还应主要通过教师讲解、讲述来传递，认为这种经验只能在传统的学校中进行，则显然落后于时代科技的发展，也不符合当代社会发展的实际。因此，从信息时代人类学习方式变化的实际状况出发，主张重新认识教学活动的本质，认定"教学是师生双方共同活动"的过程，是一种有积极意义的认识转变。

但是，主张教学的本质是"以课程内容为中介的师生双方"教"和"学"的共同活动"，其论者并没有说清楚教师的"教"与"教学"概念中的"教"的区别。按照现代汉语的习惯用法，"教"字本身就有"把知识或技能传授给别人"的意思，如"教历史"或"教唱歌"。而从汉语"教"字的语义演化过程看，它包含"传授"：如《左传·襄公三十一年》的"教其不知，而恤其不足"（传授他不知道的，救助他不够的）；"做出榜样"：如《荀子·修身》的"以善先人者谓之教（用好的行为做在别人前面就叫作'教'）"；"教训"或"教诲"：如《孟子·滕文公上》"饱食、暖衣，逸居而无教，则近于禽兽（吃得饱饱的，穿得暖暖的，无所事事地待着而不去受教诲，就与畜生差不多了）"；"帮助人成长，发展善性"：如《礼记·学记》中所说的"教也者，长善而救其失者也（教书的人，要善于发现学生的长处，并且能引导学生纠正自己的过失）"。所以，说"教学"的本质是师生共同活动过程，一则因为没有解释清楚"教"字的具体含义，而会使人仍从"传授"

的角度去理解"教学"，其与第一种认识的区别就会模糊起来；再则讲"共同活动"，似乎不分主次，其实又分着主次，结果也会使这种新的解说重又回到以传授者为主、以传授活动为主的认识上去。其实这一解释的模糊性，正是这种解说能为不同教学观念的人接受的基本原因。

至于认为教学活动的本质是"沟通"、是"交流"、是"对话"，是以教材为中介的一种特殊交往活动，与"共同活动"说相比，显然更贴近了教学的本质特点。这种认识以马克思主义交往实践理论为依据，强调人与人的交往实践活动对人生存与发展的决定性影响。主张"交往实践"说的论者，往往强调"要求教师担当文化调解人，而不仅仅是传授者或干事的角色"，要求教师通过"对话""交流"与学生实现共同活动，这种活动必然有共同的话题或学习对象，即教材或其他中介，也只能在相互交换信息的基础上使"共同活动"得以持续。所以，"交流""对话""沟通"说，不仅在一定意义上反映了教学的特点，也反映了信息传输手段多样化以后学校教学活动的新变化。

但是，仅仅把教学的本质归结为"对话"或"沟通"，也有某些不尽准确的地方。成人与成人的交往或沟通，其关系是平等的，即使其中的一方有某种优势，但总体上仍是此长彼短，有相互借鉴或依靠的价值；而儿童与教师的"共同学习"或"相互交流"，除人格应该平等以外，其他各方面都是不对称的，教师其实并没有与学生"共同学习、共同发现"。对一名小学生而言，他可能确实在教师的帮助下"独立"发现了黄色与蓝色可以配成绿色，橙色是由黄色与红色构成的，然而那位与他"共同学习"的教师却早就知道这些结果，他并没有也无须在这种"交流"中学习这些简单的常识，因此也没有真与学生"共同学习"。一般说来，多数情况下教师都不需要通过与学生的"交流""沟通"来学习或"发现"教材中的内容，如果他做出某种"发现"的姿态，他提出某个明知故问的问题，那也是在诱导学生学习，而不是在自己学习。另外，这种以"交流"为形式的认识活动的双方，不仅地位并不平等，其责任、义务也不相同：学生要在交流活动中学到知识、掌握能力，是这种交流活动的最大受益者，所以在没有普及义务教育时，

学生要为这种"交流"付费，要"自行束脩以上"；而教师作为交流的另一方，他们承担更多的责任，是有义务让学生在"交流"中受益，学到东西，实现发展，所以，古今中外教师的这种交流活动，都被称为"劳动"，教师要从中得到劳动报酬。一者是学业，是追求自身的发展与进步；一者是职业，是在帮助别人发展进步中追求个人生命价值，获取劳动报酬。双方地位不同，责任不同，目的也不同，如果仅仅用一般的"交流"或"对话"来归纳这种关系，恐怕也很难真正说清它的本质。

二、现代教学的本质

现代教学，本质上是由教师组织学生进行有目的、有计划的有效学习的活动过程。

这一解说包含以下四层意义。首先，教学是一种涉及教师与学生双方的活动过程，所以，它一定是动态变化的过程，是一种交往实践行为，是一种涉及两人及两人以上的实践活动。其次，它是一种学习的活动，核心是"学"而不是"教"。因此，活动的主体是学生，没有学生的学习活动，就没有现代意义的教学。放录音、放录像不是教学，教师讲而学生不听、听不懂也不是教学，在大礼堂做报告、宣读文件材料更不是教学，只有在教师有目的、有计划地组织下学生实现了有效学习，才是教学。再次，教学是一种特殊的学习活动，它是由教师组织的有目的、有计划的学习活动。这是一种由国家、社会与成人依据学习者身心发展与社会文化传承及经济发展需要制定的，有明确计划的且由一定的机构组织保障下实施的学习活动，是一种指向性、制度性很强的学习活动。所以，学习者随意阅览，上网聊天不是教学，学习者自己制订计划学习感兴趣的东西也不是教学，学习者在生活实践活动中随时发生的观察、认识、感悟、发现等，更不是教学。最后，这里所说的教师的组织活动，包括讲解、讲述、指导、辅导，也包括展示、演示，还包括各种组织参观、操作尝试的活动，包括释疑问难，激励评价等。总之，凡是有利于学生展开学习活动的手段，教师都应

该利用；而教师利用这些方法、途径、媒体的唯一目的，就是让学生的学习活动能够真正进行下去，能够收到切实的成效。

把教学的本质看成是一种特殊的学习活动，看成是在教师组织、指导下由学习者完成，以促进学习者发展为目的的学习活动，并不是不承认教学有传承与发展文化的社会功能，也不是否认教学在培养社会主义建设者和接班人方面的社会责任。恰恰相反，正是为实现上述教育的社会功能与社会责任提供了切实的保证。因为，个人的发展并不是自然生长的过程。人的本质属性是社会性，人是在社会的价值观念与精神、物质文化成果的影响下走向成熟，实现发展的。所以，人受教育的过程就是接受影响、掌握发展工具的过程，也是学习、理解、选择、接受人类文化成果，使自己由自然人变为社会人的过程，同时还是在学习继承的基础上继续有所发现，有所发明，有所创造，有所前进的过程。人类文化成果的传承与发展，正是在这样一代代个体与群体的发展中实现的，没有一代代个体与群体的发展，就不会有人类文明整体的生生不息的发展与前进。教育者强调教学的促进个人发展功能是其传承文明功能的基础，强调教学应该更加关注学生，关注学生的发展活动，也是为了更有效地实现教育的社会功能与社会责任。

教学活动的本质是学生的学习活动，教师是这一活动的组织者与指导者。学生这种学习活动的对象主要是间接经验，是人类积淀下来，经过社会认真论证、筛选，以简约和系统形式呈现的人类经验的精华，是以课程标准与教科书为代表的学习资源、学习材料。应该说，在发明了文字，发明了印刷术以后，特别是在大众传媒、网络媒体充分发展以后，教师已经不再是学生学习知识的主要代表或主要载体。今天学校教育应该更注重让学生向书本学习，通过媒体与网络来学习，并在学习文字文本的课程中联系生活、学习生活、了解生活。在这里，师生双方也有共同的"学习"活动，而"学习"的内涵则不同，学生是学习教材、学习书本上和多种媒体上的知识，学习生活和生产中的知识。而教师需要认识的，是此时此刻学生的学习基础、学习方式与学习困难，是学生在学习活动中的收获、问题及其最终效果。师生也确有对话与交流活动，也确实在共同面对同一个学习任务进行交流或

沟通，不过，学生的关注集中在教材或教师所提供的信息的意义上，是希望把新的信息与个人固有的认识联系起来，而教师的兴奋点则集中在学生对教材信息的理解与把握上，他学习、研究的对象是学生，是学生的认识过程与发展状况。是否可以这样归纳：在师生的"交流"或"共同学习"的过程中，对主客体关系认识一般表现为，教材（包括教师传达、演示的内容）及其代表的客观世界，是学生认识的对象，是学生认识活动的客体；而学生对教材的学习过程，是教师认识的对象，是教师认识和实践活动的客体。教学活动的本质是学生的特殊学习活动，教师工作的着力点是组织好这一特殊的学习活动。师生双方交流与交往的目的与意义并不相同：对学生而言，现代教学中的交流与交往是个人学习活动的支持、辅助手段；对教师而言，现代教学中的交流与交往，是影响、组织学生进行学习，帮助提高学生学习有效程度，实现教师社会角色责任的手段。同时，由于学习能力、学习方式或发展程度不同，学生与教师交流、交往的必要程度也不相同。有些学生甚至希望教师少讲一点儿，少做一点儿，从而使自己有独立思考、认识的机会；而对教师来讲，除当面观察与通过作业、作品了解以外，交流、交往是他们影响学生、实现教育目的的重要途径，因而有些教师就喜欢反复叮咛、讲解、纠正，时时处处要在课堂中表现出自身的价值，甚至会引起学生的厌烦或逆反心理。所以，在师生的"共同活动"或"交往实践"中，师生角色位置与活动目的的差异，会导致师生行为的矛盾冲突。只有牢牢把握住"共同活动"的核心是学生的学习活动，而教师又能够心甘情愿地从传授主角退而成为学生学习活动的支持者与帮助者，现代教学的特性，才能真正体现出来。

主张现代教育的本质已从传承知识或共同活动转变为教师组织下的学生的有效学习活动，还因为现代心理学的多项研究证明：学生学习接受社会经验不仅是建立在简单的复述、记忆基础上的识记过程。不论是"同化—顺应"学说，还是建构主义的解释，都把学习者接受新信息的过程，视为一种主动地理解、吸纳与改造过程。所以，任何一位学习者都不是从零开始学习活动的，他们是在环境与他人（包括教师这样的专业工作者）的影响下，用自己已经积累起来的知识、经

验、感觉、记忆表象等，去认识、接纳、理解新的信息，并积极地做出带有个人特点的解释。这种接受过程，可以认为是一种心理上的探究、碰撞与融合的过程，也可看成是意义建构过程，或者"同化—顺应"过程。尽管现代心理学尚无法完全说清学习者头脑中进行的这种活动的内在机理，但是，任何人的学习活动都应该有一个内部消化吸收过程，都会对同一学习内容产生各具本人特点的理解，这是确定无疑的事。因此，从现代教育学、现代心理学的角度看，传统的接受学习，尽管从最终结果看，确实是新一代的个体对社会经验的继承或接受，确实存在着人类文明的一种传递或延续的现象，但是它并不像人们把一支笔从左手放到右手那样，仅是一种位置或所有者的转移，笔自身并没有发生变化，而在知识、经验的传承过程中，信息实际上已经被接受者主动加工或改造了。学习者并不是一般意义的受众，而是一位能够主动地对信息进行筛选、加工、改造的生命主体，他们所掌握的知识，不是由教师或书籍直接给予的，是在学习者与环境、与他人、与各种学习资源在某种意义上的相互作用中通过学习者本人的转变实现的。

　　强调学习者在学习活动中的主体地位与根本作用，强调每个学习者对同样的信息会有不同的理解、不同的认识方式与认识速度。并不是说一个"勾股定理"会有千百种解释，也不是说人们对同一个命题会有完全不同的定义。我们是马克思主义者，承认客观规律与客观真理的存在，承认社会意识与时代的普遍联系及人类之间沟通和理解的可能。所以，尽管学习活动是在学习者个人努力下完成的，尽管每个学习者的学习活动会有这样那样的不同特点或侧重，但是，从学习活动的最终结果看，同一时代、相似背景的人群，还是会形成某种共识，还是会对他们所面对的世界及其传递的种种信息有大体一致的理解或把握，尽管在深浅程度、侧重方面及对细节或总体的把握上会有区别。强调认识过程、学习过程首先是一种具有个人特点的行为活动过程，是一种必须在主体积极参与下才能完成的过程，其意义主要在于进一步明确学习活动的本质，也是为了有效地实践现代教学理念。因为正像泰勒所说，教学的成败，归根结底还要看学生做了些什么，而不是教师做了些什么。现代教学要求教师的首先不是提供信息，而是组织

学生学习，是让学生真正实践和体验学习的活动过程。

　　作为一种特殊的学习活动，学生的学习是有目的、有计划的，而且在某种程度上，这种目的、计划并不是由学习者本人确定的，它是一种社会或国家意志，学生是在并不一定完全理解的情况下，在社会、家庭与教师的引导、影响下逐步接受并认识这一计划的。为社会的主流价值体系培养继承者和接班人，努力追求促成新一代的社会成员尊重、延续社会的主流价值选择和情感态度，并不是社会主义中国教育独有的现象，任何时代、任何国家的教育活动都有导向性，都是有目的、有计划的社会实践过程，不论其主办者是否充分自觉地意识到或公开承认这一点。在社会主义中国，国家的教育方针及社会公众的普遍意愿，都要求教育者公开承认并努力实现教育的导向功能，要求教育者自觉地为中华民族的伟大复兴培养建设者和接班人。所以，对中国现代教育工作者而言，不是承认不承认教育导向性的问题，而是如何把以爱国主义、集体主义、社会主义的价值选择为特征的社会选择，真正变成学习者个人的自觉选择，变成学习者的自觉意识。爱国主义、集体主义、社会主义，无疑是对中国社会发展和公民个人发展都有积极意义的价值选择，也是一种符合人类社会发展规律的价值选择，但是，它不会当然地成为每个学习者的自愿选择，也不会在学习者个人的生活实践中自发形成。在儿童、少年主体意识、自我权利意识逐渐走向成熟、走向个性化发展的过程中，积极地运用教育手段及其他社会环境影响条件，让民族的、历史的价值选择，成为每个成长中的个体的自愿选择，让中华民族优秀的文化传统，成功地在新一代中国公民个人的物质与精神世界中得以延续和发展，是中国现代教育的责任，也是中国现代教育面临的最大挑战。在完成这一历史任务时，既不能放弃教育的导向功能，又不能把教育变成一种强迫性的训练，而应该积极创造一种包含多种选择的教育计划的框架，应该在学习者成长的过程中把指导、影响与自主发展结合起来，在允许尝试和鼓励重新开始的氛围中，通过实践活动让学习者从选择中学习选择，从挫折中学会把握方向。凡此种种，都不是容易做到的事情，因为计划性要求是一回事，自主选择是另外一回事，在两者之间找到恰当的结合点，是

时代对民族智慧的挑战。

在信息网络时代，现代教学过程将会越来越强烈地表现出其作为教师有目的、有计划地组织学生进行有效学习的活动过程的本质特点。教师作为知识传授者或学生信息来源的身份，也会逐步淡化，及时把握信息时代学校教学任务的这一变化，有助于教育者提高课堂教学效率，也有利于学生更加主动地发展，有利于现代教育根本目标的实现。

三、评价课堂教学质量的标准

当教育者把教学活动关注的重点从教师传递知识转到学生有效学习活动以后，评价课堂教学质量的根本标准，应是学习者能否在课堂教学中进行积极有效的学习。

能够让学生实现有效学习的课，是好课；让大多数甚至让每个学生都能在相当程度上实现有效学习的课，是最好的课；而不能让学生实现有效学习，或不能让大多数学生实现有效学习的课，则是不好的课，是失掉了课堂教学价值的课。在这里，笔者把能否实现或能否让更多的学生在更大程度上实现有效学习作为评价课堂教学效果的标准，而不去简单地评价教师的讲授水平，也不一味追求学校教育资源的丰富程度，这样做，并不是否认教师的讲解或教育资源的丰富多样对实现学生有效学习的重要作用，而是因为讲解也罢，多媒体课件或教学仪器设备也罢，都仅仅是学生有效学习的形成条件，而能否实现有效学习，关键还在其他方面。

教师要促成学生在课堂上的有效学习活动，主要面对着两对基本矛盾：一对是群体与个体需要的矛盾；一对是社会要求与成长中的学习者实际状况的矛盾。教师必须按照社会要求，按照国家与上级规定的教学计划、课程标准或教学大纲去组织学生的学习活动，必须让学生在规定的期限内学会某些知识，形成某种态度，掌握某些发展本领。一般来说，这些都是符合人们认识发展规律与儿童、少年身心发展特点的，也是与大多数儿童、少年成长有益的；但是，不容否认的是，这种统一的规定性要求，不可能完全普适于每个儿童、少年，它们与

成长中的个体的实际需要总会存在某些不适应的因素，这或者是由成长中个体自身的不成熟造成的（例如，一个未来的钢琴家不会很早就明了苦练指法的重要性），也可能是由这些统一的规定性要求落后于社会生活实际需要造成的（例如，在计算机时代还在强调多位数乘除法的心算能力之类）。另外，即使是完全切合于时代及儿童、少年发展特点的统一要求，在面对同一时代生活环境、发展基础与发展状况各异的儿童、少年群体，也会在普遍要求与个别差异之间发生矛盾，也不会在同等程度上普适于每个发展中的个体。在班组授课制的条件下，上述两组矛盾的普遍存在，是教师实现学生有效学习的主要障碍，也是教师在追求实现学生有效学习时，必须坚持目标有限性的根本原因。

实际上，当把教学过程中关注的焦点由教师的讲解转变到学生的学习行为以后，学习者自身素养及其生活环境的差异，就会成为影响教学活动质量的重要因素，在集体授课条件下，这些差异在一定程度上是影响学习活动有效程度，甚至是是否有效的根本原因。在班级授课制的条件下，无论多么高明的教师，在推动学生实现有效学习时，一定会有区别，会有成功，也有失败。学生程度不一，取向有别，教学进度也难以完全一致，将会成为现代课堂教学的普遍现象；年级越高，学生个性特点越鲜明，学生分化现象越明显，这种现象也会越加严重。在中国目前的教育条件下，学生差异可能会长期困扰着基层的教育工作者。解决的办法，不是研究如何严格筛选程序，也不是反复按程度分班教学，或勉强让许多孩子挤在同一起点上，而是承认差异的正常性，并积极针对差异实行因人施教，把以过多的统一讲授为特点的课堂，转变成以指导学生分组分类学习、讨论和统一答疑、点拨为主要活动方式的课堂，转变成以适当的统一讲解与有指导的自学或自主选择条件下的探究、研讨、查询相结合的课堂。如果在实际的教学管理与教学活动中，能够不再追求目标与进度的完全统一，不再追求学生在知识、能力与态度、价值观念方面的齐步发展，也不再简单地以学生知识的掌握状况来评价教师的劳动，而是坚决贯彻教学应该以学生发展为本，应该为每个学生的不同发展服务的原则，那么，离在课堂教学中最大限度上实现大多数学生的有效学习的目标，就不会太远了。

当然，多数学习是以学习者的内隐行为为主的心理活动过程，是否进行了学习，学习活动是否有效，也应以学习者自我感觉为主要判断依据，有经验的教师可以从某些外在表现中推断学习者内在的学习活动，但这种推测、判断的正确与否也要以学习者的实际感受为判别依据。因此，在把课堂教学关注重点转移到学习者的学习行为以后，评价课堂教学就显得更为困难了。因为教师讲解、演示等活动的科学性、条理性、准确性、趣味性等都可以由评价者清楚地观察感受，权衡判断；而听讲、阅读、思考和联想等学习者的学习活动，内隐性很强，评价者很难仅凭观察做出判断，加之学生的学习活动始终在动态变化中运行，学生之间、师生之间随机交互，变化无穷，评价者也难以把教师的作为与不同学生的反应一一对应起来，课堂教学过程似乎会成为无法把握的随机性事件的偶然组合。那么，不但课堂教学难以评价，恐怕连学校教育的计划性也无法保证了。

在承认课堂教学评价应着重考察学习者学习活动，并强调此种评价不追求简单的量化办法的同时，也应该承认人们内隐活动与外显活动的规律性联系，承认人们的活动环境、活动条件对人们内隐活动的积极影响作用，从而促使教师在积极创设学习者学习活动的条件与环境上下功夫，在积极发现学习者内隐学习与外显行为的一般联系并诱导其外显行为上下功夫。从根本上说，教师无法决定学习者是否进行积极、有效的学习，但是，教师有责任也有可能为促成学习者有效学习创设条件，也有机会有办法对学习者的学习活动进行指导、帮助，促使其向积极、高效转化。所以评价课堂教学，不能仅仅着眼于学生学习的质量及效果，尤其不能仅仅关心学生学业考评的分数，而应该更多关心教师在创设有效学习活动的环境与氛围上的工作做得如何，关心教师对学习者学习活动的指导、帮助是否切实有效，这样不但会减轻被评价者的心理压力，而且会引导他们正确地行使自己的权力，努力改革与改进课堂教学活动。

四、有效学习形成的条件

一般来说，在班级授课制的条件下，有效学习形成的条件有以下五项，即学习内容要适切、学习环境应宽松、学习形式应多样、教学组织过程要科学及学习评价的包容性。

学习内容要适切，是指教师组织学习者学习的内容应该适应学习者身心发展与时代发展的特点，切合大多数学习者的实际需要。学习的内容应该符合儿童、少年身心发展的特点，应该是有计划、有目的的学习计划的有机组成部分，是以布鲁纳（Bruner）所谓的"结构性知识"为主的内容，也是与学习者长远发展密切相关的内容，是长远发展应具备的知识。另外，学习内容又应该适应学习者此时此刻的知识、能力准备，是既适应其智能基础又兼具挑战性的内容，是能够引起学习者直接需要与强烈兴趣的内容，是切合学习者即时求知要求的内容。学习内容的适切性，是实现有效学习的基础。在实际教育活动中，正是由于教师要求学习者学习一些他们或者早已学会、或者不感兴趣、或者无法学会的内容，不但严重地影响了他们的学习兴趣与积极性，甚至还会使学习活动变成一种形式，一个过场，一项使师生都兴味索然，都不愿持续下去的事情。提高学习内容的适切性的关键，是给教师更大的权力，让他们有权力调整教学内容和教学要求，从而使教学适合于学生。从提高学习内容适切性的角度考虑，教师备课活动的重点不在于研究课程标准或教材，而在于研究学生，研究学生的已知与未知，研究学生的认知与情意发展需求，研究学生在课堂教学过程中可能发生的变化。从基础教育发展现状看，班级制条件下的共同的学习任务与学习活动还会继续存在，教师不但要研究学生学习的一般规律，更应关注不同层面、不同特点的学生的学习需要。因为依据学习者的种种差异，不断主动地把学习者区别为若干或大或小的变化群体，并针对各个不同群体或个体的即时需要去调整计划，组织教学，是当前提高学习内容适切性的关键措施。

学习环境应宽松，是指教师要努力使学校课堂变成学习者的乐园，要努力营造一个健康、和谐、安全、温馨的学习环境。在以知识传承和技能训练为宗旨的课堂里，教师需要营造的是一种紧张高效、严肃有序的学习氛围，教师要努力排除各种干扰，抑制学生的个别需求与随机活动，尽力把他们的注意力与行为统一到计划中的学习要求上去，要通过种种奖惩手段来维持纪律。在以学习者的知识的主动探求与情意的积极发展为目标的课堂里，教师的根本责任是让每个学习者的主动性与积极性得到充分发挥，让每个学习者都能从自身的实际条件与需要出发。在45分钟的课堂里真正学到东西，真正获得益处。在这样的情况下，学习者能否感到安全；能否与教师、同学和谐相处认真讨论；能否没有顾虑或顾虑较少地自由发表意见提出问题；能否真正打开思想的闸门，积极主动地实现认识或情感深处的碰撞与融合，就成为至关重要的因素。所以创造宽松的学习环境与学习氛围，让每个学习者感到安全、愉快和有活力，是新的教学目标带给教师的新工作任务。当然，强调当前课堂本质上应该是宽松的、容错的，并不否定课堂纪律与秩序的价值，也不否认一定程度的紧张也会是人的聪明才智超常发挥的机会，如运动员在大型比赛中往往会发挥得更好，生活中也有"急中生智"的事实存在。但是，从根本上说，纪律也罢，一定程度的紧张（如竞争的氛围）也罢，都应该服从并服务于宽松和谐的学习环境的创造。就是说，学习环境的根本属性应该是宽松的，容错的纪律，秩序与竞争都是为了保证宽松的实现，是为了调节并适应学习者的不同需要，是为了在张弛有序的情况下创造宽松。因为，只有思想不受束缚，才会迸发出创造的火花，积极有效的学习活动，需要宽松的环境。

学习形式应多样，是指教师要努力提供丰富多样的教育资源，充分运用现代化信息技术及其他种种技术和组织手段，让学习者有可能利用各种学习方式，通过多种感知途径，在集体与个别学习中，在思辨、操作、争论、探究的过程中，实现有效的学习。不断变化学习形式，是含义甚广的要求，既指每个学习者有不同的认知特点，因而需要不同的学习资源、学习方式与之对应（例如，对视觉优势的学生应该多让他观察，而对听觉优势的学生可能要多一点儿讲述）；又指学

习内容有不同性质，因而需要有不同的学习活动方式与之对应（例如，语言学习要多一点儿实际感悟、交流对话，而化学学习则应更注重实验技能与观察记录）；还指学习任务与目的有别，所以需要有不同的学习场合、学习环境与学习组织方式（例如，技能学习与良好品德培养的就不能靠课堂里的说教，而应该让学习者更多地到社会中去实习、见习、操作、体验，应该在学校、家庭与社会的共同作用下来进行）。总之，由于学习者个性特点、学习基础、学习目标的区别，由于各类学习的内容、方法、要求的不同，也由于学校与教师存在种种差异，各有不同优势，所以现实生活中，不同学生的学习方式应该是有区别的。同一个学生也会有不同的学习形式、学习经历。当然，强调学习形式的多样性，主张教师应该为学生提供多样的选择机会，并不是为多样而多样，也不是否认在多样中存在主导形式、主要方式（例如，对青少年而言，以学习间接经验为主，以听讲学习与阅读学习为主的课堂学习方式，仍然是主要的学习方式），而是为了改变目前学校教育中过分忽视探究、体验等从实践中学习的方式，过分强调"讲—听"式学习的弊端，是为了开阔教学双方的视野，从而为更多学生创造有效学习的机会。

教学组织过程要科学，主要是指教师应该针对学习者身心发展特点，有序而灵活地组织教学，实施教学计划。学校的课堂教学，是有目的、有计划的学习过程，是有明确的教学目标与教学要求的实践活动，当然应该井然有序，要有周密的设计。但是，计划的设计者是教师，而计划的执行主体是学生，是各不相同的学生，统一计划与有区别的执行者必然会有矛盾冲突，会有种种意料之外的变数，在有序安排学生学习活动的同时，强调计划的变通，强调允许执行主体改变、修正计划，就是完全必要的。所谓"科学"，其核心价值是实事求是，是一切从学生实际需要出发。有计划而不拘泥于计划，讲变通、讲灵活而不陷于盲目实践，不变成无序或失序，这就是现代教学的重要特点。在这样认识的基础上讲科学，是科学的本义，如果一味追求有序，一味追求按部就班，追求计划设计的严密完整，背离了因人施教、因时因地制宜的需求，就会失掉实事求是的科学精髓。应该说，在实际的课堂教学中，尤其是在"公开课""观摩课"的实践中，为维护教案的完整性而牺牲学生的实际问题与实际需要，为追求过程的统一性或严密性而影响学生主动性与积极性的例证并不少见。其实，一切教学设计、一切标准、纲要及教师的一切劳动，都是为学生发展服务的，都是为了帮助学生实现有效学习，为整齐有序而放弃变通、调整，显然违背这一基本原则。

学习评价的包容性，是指应该坚持发展性评价的原则，强调课堂教学评价应该以学生发展为本，为创造有利于学习者自主学习、独立思考、合作探究的课堂氛围服务。教学评价的包容性，就是强调对学生学习状况、学习能力、学习成果的评价应该尽可能关注各类学生的不同状况，从而使评价成为激励和引导师生发展的手段，而不去限制他们的发展。当然，作为有目的、有计划的培养活动，课堂教学评价应该有导向性，应该有某些统一的规定性要求，有若干符合人的一般发展规律、为一般人发展所必需而应该"达标"的所谓"底线"；但是，这种统一要求必须具备相当程度的丰富多样性，要尽可能包容各类学习者可能出现的不同情况，因而这些统一要求又必然具有相对性，是可以容许个别例外的"标准"（例如，把标准与实施的条件、背景联系起来，就会为相对性的存在提供理由）。换言之，作为包罗万象的要求，它们是既允许例外又鼓励超越的，是有弹性、可选择的。因为，归根到底，这些统一要求还是要为每一个发展者服务，还是要适应发展者的具体的发展环境与发展基础。这是教学评价包容性的一个要求。另外，实现评价的包容性，还应强调用动态发展的眼光来运用评价手段，看待评价结果。就是说，在具体运用评价工具评价、测量每一个发展中的个体，评价、测量每一节正在进行的教学时，应该坚持实事求是的基本原则，应该坚持为师生发展服务的精神，重在激励，重在引导，重在督促，重在鼓励他们自我评价、自主发展，而不去过分强调评价的分级、分类功能，强调评价为发展服务，必然重视诊断性评价、过程评价、自我评价，必然会辩证地看待终结性评价的结果，会在必要的时候实施延迟评价，甚至以不评价来代替评价。因为，这样评价与那样评价，评价与不评价，都应该从是否对具体的发展者有利的角度

作出决断，都应该是为了创造适合于学生的教育，为了让学习者实现有效学习。现实生活中的教育评价之所以有时发生负作用，甚至会带来严重的消极影响，并不都是统一标准的错误，而是因为没有科学地运用评价手段，或因为过于刻板地看待统一标准。所以，强调评价的包容性，还含有科学、辩证地运用评价，看待评价结果的意思，还含有不要迷信评价，不把评价绝对化的意思。

强调发展性评价原则，强调评价的包容性，是为了解放学生、解放教师，让他们有可能在宽松和谐、较少压力的条件下展开教学。正如强调学习内容的适切、学习形式的多样与学习环境的宽松、教学组织过程的科学一样，都是学生有效学习活动的形成条件，也是一节好课的基本标准。做到了以上要求，学生就有可能实现有效学习，课堂教学就有希望成为好课；违背上述要求，就无法实现多数学生的有效学习，也就不能成为一节好课。当然，一节好课、一次成功的教学，不一定会在所有五个方面都同等程度符合上述要求；比较符合上述要求的课堂，也不一定会对班级内的每位学习者都具有同样的意义、同样的价值。课堂教学评价是一项科学性很强的工作，也是一项包含多种随机变化，在相当程度上要依靠经验，依靠感悟与直觉的工作，只有深入实际，反复尝试，才会作出比较切合实际的判断，在这个问题上，多一点儿细心与耐心，是有好处的。

五、实现学生有效学习的条件

为了实现学生的有效学习，教师在努力创设有效学习环境条件的同时，还应积极关心学习活动的参与度、学习活动的效度，以及学习氛围等学生内隐性学习行为的外显标志，并且应力争通过对外显行为的观察与诱导来激活学生的内隐学习活动。因为，在班级授课制条件下，让更多人实现有效学习的关键是找到统一要求与个体需要之间的交汇点，是引导更多的个体在统一要求中实现个人需求，实现有效学习。关心参与度、效度与氛围，虽然是从群体行为上着眼，但最终则应落实在个体的行为表现上，落实在个体的收获与体验上。不落实在个体

的收获与体验上，有效学习的有效性就无从评价，而没有对群体整体活动状况数量与质量的考查，也不可能对课堂教学的整体质量效益作出基本评价。

学习活动的参与度，包括学习活动参与的广度、参与的深度与参与的自觉程度。参与的广度，指班级中有多少学生在积极地投入学习活动，在主动地思考、提出或回答问题；有多少学生在观察、阅读、分析、探究。参与的深度，主要反映在思考探究活动的质量上，看提出或回答问题的深刻程度，看活动及计划的自主程度，以及讨论、探究活动的质量,特别是能否有根据地提出或回答问题。参与的自觉程度，主要是观察分析参与者参与的目的性，是对学习材料或问题本身感兴趣，还是对通过学习可能得到的奖罚感兴趣，是积极主动地参与，还是消极应付地参与，以及在碰到困难、障碍时，参与积极性的保持程度，等等。参与的广度、深度与自觉程度，在一定意义上决定了学生学习活动的质量，参与的人越多，参与的深度越深，参与者的自觉性越高，课堂教学的效果越好。

学习活动的效度，包括三个方面的要求。一是看作为课堂教学提出的问题、提出的学习任务解决得怎么样，在多大程度上解决了？问题解决得越彻底，得到解决的人数越多，效度越高。二是看投入产出比。问题解决的策略是否合理，花费的时间是否恰当，是不是以较少的时空占有取得较多的收获，还是花费了大量的时间和资源，只解决了一个小问题，只解决了一个大问题的小侧面。在教育教学活动中，应该树立效益观念，应该关注学生身心健康，不能总搞"题海战术"，也不能提倡"血汗教学"，要全面关注师生的权益。三是看教学是否促进了发展，是否引发了继续学习的愿望。好的教学，不应该终止于所提问题的解决，而应该引发新的思考，引向更深、更广的问题，应该引导学习者把课堂的学习与社会生活、科技发展联系起来，一节没有完成预定教学任务却引出学习者深层次问题的课，不仅不该受到批评，而且可能是一节好课，应该得到表扬；一位教师在课堂上一时无法回答学生的提问，也不一定是基础不牢，准备不好，或许这正是师生互相质疑问难、切磋琢磨、教学相长的开始，是营造新型师生关系的机

会。讲效度，就应该从学生发展的需要，从师生的碰撞冲击与对话交流的基础上讲效果，从辩证的角度讲效果。总之，仅仅解决了教师提出的问题的课不一定是好课，没有解决教师提出的问题的课也不一定不是好课，如果把问题解决、课堂效益与新问题（实际问题）的提出这三项要求综合起来考虑，或许可以为一节课成功与否找到更合理的标准。

学习氛围，指师生与观察者都可以直接感受、体验到的课堂中的气氛、情调，其实就是师生、生生之间的人际关系及其情绪表现，是一种可以通过环境布置、言谈话语与音容笑貌等心领神会而又难以确指的客观存在。一种有利于学习者有效学习活动的氛围，应该是和谐的、活跃的、民主平等的。和谐来自共同的理想、共同的目标与价值追求，在师生共同推动有效学习的过程中彼此尊重，相互激励，这样的氛围肯定有利于主体积极性的发挥，也有利于师生各自的发展，有利于提高效率。活跃，是积极思维活动的外显标志，也是学习者自由思考、敢于大胆质疑展示不同、求得学习实效必需的精神状态。在一个关系融洽、大家都不分心、不必掩饰的环境中思考，人人都急于参与讨论、急于提出各自问题的心理环境中学习，当然会大大提高学习活动的有效性。民主平等，是 21 世纪教育发展的本质特征。没有民主平等的师生关系，没有民主平等的课堂学习环境，和谐与活跃就没有道义基础与生存条件，也不可能实现。讲民主平等，关键是教师要尊重学生，强势学生要尊重弱势学生。凡有人群，必有水平高低之分，也必有主动与被动的差异，讲民主平等并不是要取消这些差别，更不可能要求师生处在同一水平上。因为差异是客观存在，自己知道，别人也能够感觉，只是一厢情愿地说"共同学习"或"互有短长"，并不能真正带来心理平衡。这里讲的平等与民主，是人格与权利的平等，是尊重每个人的参与权利与决策权利，是尊重差异，尊重多样选择，尊重每个生命体的独特价值。只有建立在对群体与个体权利尊重基础上的人际关系，才会是和谐而活跃的关系，才会有助于每个人生命活力的焕发，有助于每个学习者的积极思考与主动实践。以个人的所长鄙弃他人的所短，凭借个人的发展优势凌驾在别人头上，其核心问题并不是

对彼此知识、能力水平的估计有多少误差，而是这样想、这样做的人缺少现代意识，缺乏现代精神的洗礼，因为现代社会根本的价值选择，就是主张人人生而平等，主张不应以民族、经济、宗教、文化或其他任何理由歧视他人。和谐、活跃、民主而平等的氛围，是现代教育所追求的课堂教学的理想氛围，在这样的氛围中，学习者与教师各有区别的共同发展与教学相长一定会呈现多姿多彩的局面。

六、课堂教学评价标准的指标

按照笔者对课堂教学本质的认识，评价一节课，应该从教师组织学生活动的角度去观察，应该引导教师关注活动的直接效果——学生是否能够实现有效学习，及其在多大程度上实现有效学习的角度，去设计活动、组织教学，这样才会充分发挥课堂教学评价的积极导向作用，也才能促进课堂教学评价自身的健康发展。

实际上，由于评价者自身观念的滞后、课堂评价标准存在某种偏差，课堂教学评价结果给实际教学工作带来误导的现象并不少见。所以，在研究制定好课标准时，必须坚持现代教育的基本理念——坚持以学生发展为本的思想，坚持以发展的观点评价教学动态过程的态度，从而使倡导的好课标准，不是悬在师生头上束缚其主动精神发挥的利剑，而是帮助教师提高自身的业务水平，引导师生提高课堂教学效益的武器。

课堂教学的本质既然是教师有目的、有计划地组织学生进行的有效学习的活动过程，评价课堂教学就应该从观察学生学习活动的角度来进行。观察的重点是活动过程，是学生在教师组织下的活动过程，这些组织工作的唯一目的是让学生实现有效学习，所以，教师的组织活动不是观察、考评的重点。只有在教师的活动引发了学生的活动以后，只有把教师的活动与学生活动联系在一起的情况下，测量评价教师的活动才对评价课堂质量有意义；否则，不论教师讲解得如何生动，不论教师展示了多少教育资源，只要它们没有激起学生的有效学习，都是不必要甚至无价值的。在度量、评价课堂教学时，把观察重点从教

师的作为转到学生的作为上，把教师的作为联系到学生的活动上来加以评价，反映了对课堂教学本质的新认识。当然，在这样分析评价课堂教学以后，并不是否认教师对教学的主导作用，因为学生有效学习活动的表现就是教师劳动的成果，反映了教师组织与计划的水平，所以，仍然可以在一定条件下依据课堂上学生的实际表现来评价教师，来认识教师的业务水平与敬业精神。

作为对一种活动过程的评价，应该从活动的目的、活动的过程、活动的效果、活动的氛围、活动的特色等方面来加以评价，在制定课堂教学评价标准时，应该抓住以下五项指标。

第一，教学的任务、目标。在班级授课制条件下，每节课总要由师生确定一项或几项具体的教学任务，就是说，要明确大家学什么，学到什么程度，怎么去学？任务或目标应该是具体而科学的，是有意义、有价值的科学命题，是合理的要求，是符合学生发展需要、符合传承人类文明需要的要求。另外，这样的任务与目标又应该是有生命力的，即适应学生知识能力准备基础的，是学生感兴趣、有挑战性的，而不是简单的重复，也不应距离学生生活经验过分遥远。学习任务、学习目标的科学性与适切性是激发学生有效学习的前提，任务目标不合理、无价值，不会引发学生的兴趣，也不可能实现成功的教学。

第二，教学过程。教学过程应该符合学生知识、能力、情感与价值观的生成发育过程，应该符合学生的身心需要。作为一个群体的学习活动过程，如前所述，关注点应该放在学生的参与度上，放在学生参与的广度、深度与自觉程度上。要看有多少学生在多大程度上实现有效学习？要看教师重点讨论、重点讲解的问题在多大程度上符合学生的需要，是否有助于学生解决难点？还要看学生与教师提问、讨论、作业等活动表现出的精神状态与价值追求，等等。另外，还要关注教学过程的组织程序与活动节奏，从整体上看是否有合理的顺序与秩序？是否能随时因人因事而灵活调整既定安排，活动节奏是否符合健康与安全的原则？能不能做到张弛有度、融严肃与活泼为一体？对活动程度与活动节奏的观察要围绕有效学习的需要来考查，要关注活动方式、方法的合理性与教育资源利用的适宜程度，要依据学生认知与情感发展的要求来评价活动程序和活动节奏的科学性与合理性。在观

察分析教学过程时要坚持"目中有人"的原则，要关心学生个体或群体的情绪体验，要从对学生身心发展产生的实际效果和长远影响去评价教学过程。总之，观察教学过程，主要是了解教师对学生的人文关怀与对教学任务的全面认识及其落实情况。教学任务与教学目标及其所体现的现代教育理念，不能只停留在宣言层面上，而必须体现在教师的教学活动过程中，必须转化为师生具体的活动方式、活动特点与活动氛围，这样才会真正对学生发展起促进作用。

第三，教学活动的氛围。氛围似乎是玄妙而无从把握的东西，其实它是充盈在师生交往与活动中间，体现在课堂的物质存在与精神存在中，完全可以被当事双方与观察者感知的客观存在，是一种可以左右课堂教学活动效能的关键因素。教育者主张的积极的教学环境应该是和谐、活跃、民主、平等的，是让每个参与者身处其中都感到安全、亲切、有归属感的。美国学者里德利（Ridley）等人在《自主课堂》一书中提倡建设积极的课堂环境，他们提出的多种要求都与课堂氛围有关，如情绪安全感、自信心和归属感，都要求教育者关注学习者的心理需要。具体说来，他们要求建立"温暖的、学生彼此熟悉、相互接纳的学习场所"，要求"不要让学生感到为难，也不要诱哄着学生学习""无论学生的学习态度和学习成绩如何，让学生看到你在关心他们每一个人"，要求"在教室里创造家庭般的环境和规则"，亦即采用"民主的运作方式"，主张"每个成员都是有价值的一员，都享有地位、尊重、基本权力、权利和义务"，等等，都与教育者所提倡的和谐、活跃、民主、平等的氛围相吻合。他们所提出的"积极课堂"的建设目标，是建立在对美国学生的课堂要求的调查统计基础上的，它反映了美国学生的要求，但也可以供中国的教育工作者思考。

第四，教学效能。有效的教学一定是使学习者有所收获的学习活动，检查学习效能是非常重要的。如前所述，效能检查可以有三项指标：一是问题解决的程度？二是解决问题的代价如何，投入产出比例是否恰当？三是看能否引发继续学习的意愿，能否促进发展，具体来说是能不能带来新的问题，能不能启动更深入、更广泛的学习活动？学习效能评价，要有效益意识，要提倡在减轻课业负担的条件下实现学生发展，要像关心学业一样关心学生的身心健康，尽量做到少而精，

做到"低投入，高产出"。在当前"血汗教学"盛行，教师加时、加课、拖堂现象严重的现状下，笔者主张要把"按时下课""不加时集体补课"作为教学纪律，作为评价课堂教学的关键要求提出来。有些人以为只要把学生升学考试的分数搞上去，不论其平时有多少违背教学规律的事情，都可以一俊遮百丑，都可以用"出发点还是好的"来加以原谅，这其实是非常错误、非常有害的。现代社会是讲效益的社会，现代社会要由富有生机和活力的人去创造，如果儿童、少年从小就是在大量苦不堪言的重复训练中去追求眼前的"成就"，从小就在机械的训练中消磨了学习的热情与主动精神，那么他们又怎么能够适应社会主义现代化发展的需要呢？又怎么会成为富有创新精神和实践能力的一代新人呢？

第五，创造性增值。这是对教师在教学活动中表现出来的个性特征、创造精神与探索勇气的鼓励与支持。一节好课，应该是能够体现出教师个人特点的课，也是与实时的学生需求密切相关的课，是有某些创新尝试或灵感火花的课。所以，要鼓励教师大胆创造，也要允许教师的探索有所失误、有待完善。创造性增值或特色加分，不能只是优秀教师的专利，而应该成为鼓励所有教师重点突破、以点带面、逐步提高教学质量的方法。所以，不仅是没有列入评价要素的特长、特色可以加分，列入评价要素的要求，做得有特点、有创造的也可以加分。总之，要鼓励教师大胆尝试新方法，探索新规律。素质教育条件下的课堂教学，是个生成发展中的新事物，还没有多少成功的经验。在这样的条件下，鼓励教师积极创造，让更多的教师在创造中把握素质教育、现代教育的本质要求，不仅是提高课堂教学质量的需要，也是推进素质教育的需要。

第二节　改进教师工作方式，促成学生有效学习

教师是什么人？教师是多重社会角色的组合。在不同时代，不同

人群眼中，教师身份有不同的重点。在笔者看来，在当代中国中小学学生心目中，教师至少有以下三重身份。

首先，教师是知识的传授者。这虽与后现代教育理论不合，却是千百年来教师主要的角色身份。"传道，授业，解惑""道之所存，师之所存"，教师应该是知识富有者，应该比学生知道得多，知道得准确，应该承担传播知识的任务，这似乎仍然是社会上的共识。一节课下来，教师一点儿新鲜的信息没有传递，一点儿超出学生已知事物范围的东西都没讲，学生们会说"这节课没劲""教师讲的跟书上一样"，于是一片哗然。所以，在教材详尽，教辅读物满天飞，而网络信息又唾手可得的今天，中小学教师都在忙不迭地"更新知识"，不然是很难过日子的。

其次，教师是社会教育系统或教育机器的一个组成部分、一个部件，是代表教育系统直接与教育对象打交道的人。所以，教师不仅是一个知识富有的人，而且是一个体制机构的代表。这一身份很厉害，因为教师不是代表自己，而是代表国家、代表社会、代表家长、代表一系列的评价与选拔淘汰机构来同学生打交道的。于是教师的一言一行，都有了象征或符号意义，都可能给学生带来快乐或苦恼、希望或失望、成功或失败。因此，作为权利机构代表的教师是非同小可、大权在握的，也是需要学生郑重对待的人物。尽管在实际生活中，并不是每位教师都有同样的权威（例如学生往往不太看重那些"副科"教师，不太在乎那些不教自己课的教师），但是，教师不是一般的人，教师对自己的看法很关键，除非万不得已，不要去"惹"教师，确实是每个上过学的小孩子都心知肚明的"道理"。当然，实际上教师个人并没有那么大的权力，不过，社会与教育系统一般会成为教师的后盾则是不争的事实。在中国，中小学教师确实是有责任遵照国家意志与社会需求去培养社会主义建设者与接班人的。

最后，教师是成年人，是一个与学生父母相似的大人，但是却不太容易发现他们与其他成人一样的毛病、弱点。教师当然是人，也有七情六欲，有种种欢乐或苦闷。但是，在受教育者心中，教师作为普通人的一面是神秘的，是不可尽知的。在传统文化影响下，教师也会

有意无意地掩饰自己作为普通人的一面，不愿在学生面前承认失误，不愿向学生暴露个人的弱点或不足，以致在某些时候，"教师不会游泳"这类事情，也能成为"新闻"在小学生中悄悄流传，听到的还会兴奋不已，以为知道了什么"秘密"。从这个角度看，教师尽管是人，却又或多或少有些神秘色彩，是学生只能私下而不能公开议论的对象。

知识的传授者、社会组织的代表与多少有点神秘色彩的普通人，这就是中国学生心目中教师形象的主要特点。

一、怎样理解"师生平等"

师生平等，是流行的对师生关系的解说。笔者也曾写文章强调，教师应以平等之心对待教育对象，强调教师要做学生的朋友。然而，前述的三重身份、三种角色，却又直接决定了师生无法真正实现"平等"。

首先，知识富有者与知识贫乏者，事实上是不平等的，信息不对称，知识分配不均衡，正是现代社会不平等的根源之一。当然，教师有帮助学生获取信息的责任，正是通过帮助学生，教师才实现了自身的社会义务，然而这种责任与义务的存在，又正说明了双方地位的不同。

其次，教师是社会组织的代表，他们身后有强大的社会支持系统。学生是一个个成长中的个体，是被社会习俗规定为必须"接受教育""接受教师管理"的角色，在年龄、经验、体能等方面都处在第二等地位。一个个人与一个组织已经无法抗衡，更何况是未成熟的个人呢。

最后，作为教师，作为培养下一代的专职人员，出于教育活动需要，社会要求他们淡化其作为普通人的一面，要求他们把个人隐私，把一切与教育无关的个人生活屏蔽于课堂和学校生活之外。而学生呢，也是出于教育活动需要，社会却要求他们"事无不可对人言"，要求他们向教师"坦露真实思想"，这样一来，两者还会是"平等"的吗？

什么是平等？平等就是双方或几方之间地位相近，权利、义务、责任相同。说"公民在法律面前人人平等"，讲的就是人人都要遵守法律，谁都没有凌驾于法律之上的特权。从这个意义上说，教师作为以教育下一代为职责的专业工作者，不但要为自己、为社会负责，而且在相

当多的时候还要为学生负责，还要承担管理、照看、指导、组织学生活动的责任；承担向学生传授知识，组织学生学习，帮助学生实现发展的责任。显然，教师责任大于学生责任，教师权力也大于学生权力，社会之所以为教师规定了种种管理与组织的权力，就是因为他们有诸多大于、多于、高于学生的责任。

实际生活中的师生关系，是组织者与被组织者的关系、是指导者与被指导者的关系，在这一层面上是一种不平等关系。也正因为事实存在不平等，从"以人为本""以学生发展为本"的原则出发，从教育的有效性出发，才要求教师尊重学生，尊重学生的人格，尊重学生的选择权利和从错误走向正确的权利，才要求教师以平等的心态对待学生。这里的平等，是人格平等，是不准污辱学生、嘲弄学生，而不是教师可以放弃教育管理责任，更不是在"责任自负"的借口下，任由学生在错误的尝试中越滑越远。因为教师的角色义务，已赋予其这样的权力：教育、劝阻甚至制止学生出现任何有损于其个人或群体利益的行为。

实际存在不平等却要追求平等对待的态度，在平等对待时又必须坚守教育责任，这或许是"师生平等"的主要内涵。

二、教师态度与学生学习

既然师生实际并不平等，教师的言行在学生心目中又具有象征或符号意义，那么，学生当然会"在乎"教师的态度，教师的态度也必然会对学生的学习产生积极或消极影响。

一般来说，教师有三种态度会对学生的学习产生消极影响。一是忽视。教师长时间把某些学生放在视线之外，不在意、不关心、不了解。二是轻视。教师一般不会有意为难学生，但有些教师会对那些与自己闹对立或"屡教不改""没有长进"的学生，暗含不屑，认为"不可救药""没有希望"，因而把他们"打入另册"，有意冷落、不予理睬。三是偏爱。"教师偏向"几乎是学生的普遍感受，许多教师会有意无意地特别关照自己看中的学生，会特别关心、器重他们，甚至会放纵他们的缺点，极力在其他学生面前维护他们的优势地位等。这种偏爱，

不但会引发其他学生的心理失衡或逆反情绪，同时会使受偏袒的学生在学生群体中受到孤立，甚至会影响他们的发展，让他们无法认清自己，不能正确对待自己。

忽视与轻视，都反映了教师对教育对象的关注不够、了解不够。它当然会影响教育计划的有效性，会影响教育者的正确决策，从而对整体的教育活动产生负面影响。更为严重的是，教师的态度会逐渐被当事人觉察，会在教育对象身上产生回应，而回应又会加重负面影响。一般来说，学生会有两种回应：一种是那些迷信教师权威，相信教师言行都有符号意义的学生，他们会在教师放弃自己的同时，自己也放弃了自己，形成所谓的"破罐破摔"，放弃相关学科或整个学业的学习；另一种是年龄较大或自主意识较强的学生，他们会产生对立情绪，出于自我保护的需要，这些学生会力求在非主流文化中寻找支持，除少数人会通过自我奋斗去"证明"自己以外，其他学生常选择同教师"作对"，用所谓的"英雄"行为来证实自己与众不同，最终形成所谓的"双差生"，形成班级或学校中的另类。在非正式场合，这类学生往往会表现出"恨"教师的情绪，他们会以"气教师"为荣，会把自己的"就不好好学习"视为对教师的反抗或惩罚。他们的意识有相当的扭曲成分，他们对教师的指责也不尽符合事实，他们的问题的发展会超出学习困难，但是他们的问题却是由师生关系不良、由学习困难开始的。

偏爱之所以会成为一些学生学习困难的原因，源于过度保护为他们创设了不正常的发展环境。其实，靠个别教师创设的格外优越的环境并不能长久保持，学生要升级、升学，要脱离器重他们的教师走向新的环境。于是，暂时的过度关怀会造成日后的失落，在升入上一级学校后，一些低一级学校的干部或优秀学生，常有保不住先进位置，甚至变得"平庸"或"落后"的现象，除学习方式与学习要求发生变化以外，偏爱失落造成的心理失衡，也是重要的原因之一。实际上，不仅在环境转换之际偏爱会带来学生发展的问题，就是在同一教师管理下，偏爱也会成为学生发展的隐忧。因为，尽管教师有相当重要的权威作用，但学生亚文化的影响也不可忽视，如果教师的偏爱行为超出多数学生的承受能力，被偏爱的学生就会受到主流文化与学生亚文

化的双重挤压，他们的日子并不好过。有时，教师过度支持被偏爱者，结果是"将欲爱之，实则害之"，不但激化冲突，使受偏爱者处境更难，而且会使其弱点发展成缺点、错误，一旦爆发教师也无法予以援手。这就是为什么有时教师会感叹，某个学生"一向好好的，怎么会一下子就变了呢"的原因。

应该说，作为普通人，教师不可能时刻意识到自己言行的符号意义，也无法全部察觉无心之失带给学生的心灵伤害。因教师态度不当而引发或加剧学生的学习障碍，与儿童、少年的心理不成熟有关，与我国教育与社会体制的不健全、不合理有关，也与我国基础教育班额过大、升学压力过重及评价制度过于单一有关，还和学校的教育计划与儿童发展的实际需要的矛盾甚至冲突有关，其并不能全部归因于学校教师。何况，教育本质上是由教育者创设适宜儿童、少年的发展环境，通过组织他们实现有效学习，具体地指导帮助他们实现有区别的自主发展，这是一种需要全身心投入与整体把握、悉心体察的复杂的智力和体力劳动，责任大，负担重，反复性强，做起来并不容易。当代中国社会处在转轨换型的变革时期，少数教师由于压力过大或水平所限而对师生关系处理不当，虽然应该批评，但也是可以理解的。关键是要引导教师及时觉察此类问题，并尽可能在行为中加以纠正，以期有效地推动学生发展。

三、怎样对待学生的"逆反"

"问题儿童""问题少年"，都有较强的逆反心理。他们似乎是"成心"与教师作对，你要他往东他偏往西，你让他站起来他偏要坐着不动，一旦在课堂上顶起牛来，常弄得教师左右为难。课堂以外，他们也是绕着教师走，喜欢给教师"出题目"，搞得一些教师十分头痛，觉得难以应付：又不准体罚，又不准停课，搞不好还会弄出个寻死觅活的事情，有些教师只有期盼此类人物自动退学，甚至动员他们转到其他学校去"换换环境"，想一推了之。应该说，在普及九年义务教育的过程中，这类"双差生"，已经同"逃学""辍学"一样，成为中小学教育的难题，成为许多中小学教师心中"永远的痛"。由于"问题儿童""问题少年"的形成有复杂的社会原因、家庭原因与学生个人成长经历中的原因，因此教师教育态度、方法不当，仅是"问题儿童""问题少年"形成的原因之一，所以，这个问题的解决也比较复杂，既需要长期的努力，又需要各方形成合力，互相配合，需要专门研究，本文不拟多做论述。

其实，除"问题教育对象"会出现逆反现象以外，相当多的中小学生都会有一时性的或短周期的逆反表现，都会有针对特定对象或特定环境的逆反。这也是导致教育失效或师生关系恶化，形成学生学习困难的重要原因之一，应该引起重视。

学生为什么会逆反？除少数有某种心理缺陷或社会、家庭负面影响过强的"问题儿童、少年"可以另当别论以外，学生的逆反大多是一种基于自我保护的发泄，是一时性的情绪冲动，是没有计划准备的即时反应或应激反应。也就是说，当一位平时表现一般或良好的儿童，由于受到了意外的批评，受到了不公平、不符合实际（至少是他本人认为"不公平""不符合实际"）的指责时，他们有时会本能地顶撞教师，会突然变得焦躁，变得固执或不听劝阻。这些，不过是他们心理失衡、恼怒而又不敢或不愿直接针对刺激去发泄，于是借助其他方式来转移自己不满的表现。由于是缺乏计划与准备的情绪性反应，所以常表现为不理智、不计后果，表现为行为夸张、反应过激。

学生的逆反表现，表面上是针对教师个人，实际上是针对教师身份的，本质上是与体制对抗。所以，教师处理学生突发性的冲动行为，最重要的是要跳出个人的得失计较，要明了学生行为的本质是对教师职业行为的抗议，是对教师职业行为带来的可能伤害的抗拒或逃避，因而要千方百计淡化与学生的个人对抗，冷静处理。换言之，尽管学生的表现可能是针对教师这个"个人"的，但教师却应当学会把自己与"教师身份"区别开来，避免教师与学生的对抗。因为只有区别个人态度与教师角色行为，引用学校要求或规定做依据、做陪衬，才能分散学生注意，转移学生的不满，以弱化学生的过激反应。许多师生间的矛盾冲突，特别是一些最终成为师生怨结的冲突，往往是从课堂意外肇始的，其中的关键往往是当事教师不够冷静，不善于分解与

转化。

学生逆反表现，大多是非理性行为。问题的解决，不能只靠说理，只靠逻辑分析。大多数情况下，只要教师能够冷处理，能给学生留出时间，在尽早判断出矛盾冲突的导火索并尽量消解的情况下，大多会由学生自行解决。在冲突过后，许多学生会后悔、懊丧，期望有转圜的机会。这时，教师就应当得理饶人，淡然处之，做出宽容大度、毫不在意的表现，尽量消解萌发中的矛盾。

逆反心理，是引发或加剧学生学习困难的重要因素。因此，科学认识、巧妙化解学生的逆反心理，是帮助学生克服学习障碍的重要方法。

四、关注的价值

教师的工作是需要全身心投入的。教师的工作对象是未成年人，他们幼稚、脆弱、冲动、多变，往往不能正确认识自己，不会冷静地把握行为，更无法准确估量行为的后果，加上独生子女条件下，他们身上又凝聚着家庭与社会太多的期望，"过度保护"的社会心理，更给教师工作带来特殊的困难和巨大的压力。而且，当前社会虽然普遍重视儿童的权利，却很少有人同时强调儿童应当学会负责，强调应当让学习者经受挫折与磨炼，这些都加大了教师的责任与工作风险，也增加了学生学业失败的可能。

为此，要强调关注的重要性，要鼓励教师真心关注每位学生的表现。人们都把"敬业爱生"作为师德的核心，敬业是教师职业的道德底线，是每位教师都必须做到的要求。所谓敬业，其实就是"悉心体察，认真从事"，就是关注每个教育对象，关注每项教育行为及其效果。首先要"悉心体察"，既要全身心地了解情况，体会学生心理；其次要"认真从事"，即所谓"战战兢兢，如临深渊，如履薄冰"地做事，十分认真、十分审慎地做好每一个设计、每一个操作，并及时收集反应，做出调整。想想看，如果教师都这样尽心尽力地了解学生情况，认真地做好各项相关工作，并能及时发现意外变化，调整工作布置，那么有什么困难不能克服？什么样的学生不能教育好呢？"实事求是"是做好一

切工作的法宝，而实事求是的要义不过是摸清情况，找准办法，并在实践中不断科学反馈、及时修正而已，这也就是"悉心体察，认真从事"的基本精神，就是"关注"的基本含义。只不过，由于儿童、少年不成熟、不稳定，所以更需要教师全心全意罢了。

关注是一种态度，也是一种方法。关注来自责任心，来自科学求实的工作态度。高度负责的教师，笃信"只有准确把握变化中的对象，才能施行有效教育"的理念，就一定会下大力气去观察、了解、分析、研究学生，也一定会在这种准确把握的基础上设计并实施好自己的教学行为，因为这是科学精神的本质要求。

当然，爱也是重要的，爱可以引发关注，可以表现为深刻的关注。

五、表扬与批评都要恰当

学校教育总有一定的强迫性，所以不可能都是快乐的，也不会不需要批评与惩处。学习是儿童的本能，但在学校里学习，在国家计划安排下学习，并不是儿童的本能要求，而是后天习得的需要。所以，学校教育既需要批评，也需要表扬。所谓的"无错原则"，并不是说学生不会犯错，也不是说学生犯错不需批评，不需纠正；只是说学生犯错很正常，不必大惊小怪，也不要揪住不放而已。如果所有教师都一味顺情说好话，对儿童的过失都赞誉有加或不置可否，肯定会妨碍学习者的健康成长。因为，无论是对物对人，儿童都有一个学习如何正确认识、正确对待的问题。认识不正确，不知道火会烧人，当然会吃苦头；认识正确，知道火可以烧人，但不能正确对待，仅只害怕而已，也就无法利用火为人服务。人不会一下子就正确认识事物，也不能全靠个人力量发现正确对待事物的方法，所以才有教育这一行业存在的必要。教育工作者，作为指导、帮助下一代学习成长的专业工作者，肯定学习者的成绩，指出学习者的不足，纠正学习者的错误，促使他们尽快走向成熟，既是职责所在也是权力所在。为了避免学习者因无知、失误而在生活实践中受到自然与社会法则的惩处，教育工作者既需要用鼓励也需要用批评的方法，两者都是有益于儿童、少年发展的。

其实，儿童不怕批评，早在进入学校以前，儿童已经经历过各种各样的批评与惩处了。任何一个家长，都无法在只说"允许"和"好"，而不说"不许""不好"的条件下照看自己的孩子，所以凡是身心发育正常的儿童，都有一定的耐受力，不会因为一两句批评就消沉下去。但是，批评或表扬必须准确，必须公正，必须恰如其分。不恰当的批评或表扬，是促成和加剧学生学习困难的重要诱因。

不准确、不恰当的批评或表扬有三大害处。首先，它影响学习者对教师的信任。"亲其师，信其道。"亲也罢，信也罢，都建立在儿童对教师言行的信任、信服上。不恰当、不准确、不符合实际的批评、表扬，正好破坏了学生对教师的信任，使他们从个人经验中怀疑教师，不信任教师。虽然批判性思考是人们成长必需的，但如果在初学阶段就听不到可信服的话，找不到可信赖的人，那肯定不利于儿童接受教育。其次，不准确的批评、表扬，会影响学习者与学校和社会的关系。教师是代表学校、代表社会来影响学生的，他们的言行背后似乎都有组织系统在支持。儿童、少年缺乏社会经验和分辨能力，他们不太能清楚地区别教师个人与学校组织的关系，结果会"恨乌及屋"（"爱屋及乌"的反面），在疏远、怨恨教师的同时，也会疏离学校集体、疏离主流文化传统。最后，教师做出的不准确的批评或表扬，不利于师生正确认识当事人的真正缺点或优点，不利于他们发现问题，修正错误，也不利于他们发扬长处，持续进步。而且，教师所发出的错误信息，不但会误导学习者，也会蒙蔽教师自身，使教师丧失了对学生及时指点帮助的机会。

总之，不准确、不恰当的批评或表扬，是使师生关系疏远、紧张，使教育措施无效甚至起反作用的重要因素，也是学习者学习困难的重要影响因素。解决这一问题的不二法门，就是教师应该关注每位学生的具体表现，应该全身心地投入对学生的了解、观察与研究工作中，这是做好教育工作的基础，也是十分且耗人心力的事情。因为，中小学生作为成长中的学习主体，不稳定、脆弱、敏感，而且充满幻想、渴望，又有相当丰富的能量与精力，教师必须全身心投入，细心地观察，才有可能避免失误。

六、学习是学生自己的事

学习，是学习主体自己的事。学习困难，不论是由厌学、弃学造成的，还是由基础知识不足、能力准备不够造成的，或者是两者兼而有之，乃至于其他什么先后天原因造成的，最终都与学习主体身心发展中的缺陷或障碍有关。解决学生的学习困难，要从促成学习主体的改变与发展做起，正像教师可以组织、指导、促进、帮助学生学习，而无法代替学生学习一样，教师也无法代替学生克服学习困难，而只能在改进自身工作态度及方法，尽力为学习者创造条件方面下功夫。

当然，由于承认部分学生的学习困难，可能是由教师工作态度或方法不当而促成或加重的，所以，一旦教师改变了自己的工作态度和方法，能够有的放矢地给予学习者适时有效的帮助，那么，学习者的学习困难也会因此减轻或扭转。当然，最终起决定作用的，还是在教师创设的新条件下的学习者自身的主观努力。

那么，教师怎样工作才会有助于学生克服学习困难呢？除了因师生关系紧张所形成或加剧的学习困难，必须从改善、调整师生关系入手，且教师必须采取主动以外，由于大多数因为"不想学""不会学""学不下去"而形成的学习困难，都可以在教师加强调查研究、深入关注学生学习表现的前提下，通过创设宽松的学习环境，提出合适的学习任务，提供切实有效的指导帮助和给予及时适度的反馈评价的办法来解决。

首先，宽松的学习环境是首要因素。只有学习者感到安全，知道不会受嘲笑和受指责，他们才会不怕"露怯"，不怕"幼稚"，主动暴露自己的真问题，才会主动地参加讨论、探索或体验，才能全身心地投入学习活动。在相当多的课堂里，学生其实并没有真正投入思考，没有真正从自己不明白、不理解的地方开始与教师对话。他们只是在小心地保护着自己，尽量避免在教师所设的陷阱中失足"露怯"，所以，他们是处在"伪学习"状态中。这就是班级授课制有时为什么低效，学习困难为什么普遍的原因之一。因为，总在半懂不懂，甚至全然不懂而又不敢承认自己不懂的状态下"学习"，学生实际上不可能有所

转变，也不会学到知识的。

其次，学习的任务必须适应学生的需要，切合他们的知识与能力准备，既不能过难过深而够不着，又不能由于缺乏挑战性、新颖性而使学习者感到乏味或疲惫。在大班额的条件下，以班级授课为主要形式的中国基础教育课堂，对相当多的学生而言，其实是低效或无效的课堂，是徒具学习形式而很难引起真正学习活动的课堂。在每班都有六七十人的条件下，要做到每节课让每位学生都有收获，都实现有效学习，几乎是不可能的。那么，对"跟不上"的学生，对那些早已学会的学生，就应该有另外的安排，有因人施教的设计。要打破过于划一的进度与方法安排，让课堂变得复杂多样。这尽管会加大教学管理与维护课堂秩序的难度，但却是减少学生学习困难，促成更多学生有效学习的唯一方法。

再次，要加强教学指导的针对性，及时提供有区别的帮助。学生脾气秉性不同，知识能力与兴趣爱好有别，必须提倡个别对待，而不存在普遍适用的最优方法或最佳策略。例如，对于一个喜欢思考且确有潜力的学生，可以成心难为他一下，不要在他苦思而不得其解时干扰他，相反的，可以不帮他也不管他，只给他留够思考的时间就成了；对于资质一般又缺少耐心、缺乏毅力的学生，虽然也可以锻炼他的意志，可以留些适宜的难题促进他思考，然而却需要及时提供指点帮助，以免他因过度焦虑而产生逆反、放弃的念头；当然，如果是一个刚走出失败阴影，刚有了一点儿学习信心、学习意愿的学生，教师的帮助就必须迅捷具体，千万不要让他再受挫折，因为，此时的他最需要激励和成功。凡此种种不同的对待方式，无非说明不同学生需要不同的帮助。教师在教育教学生活中碰到的情况，远比上述情况复杂得多，也更变化多端，更不会有统一的解决方案。但是，只要教师的指导帮助（或者不指导、不帮助），确是中学生需要而又及时的，学生的学习就会顺畅地进行下去，学习困难就会逐渐得到克服。

最后，及时提供适当的反馈。中小学生作为初学者，其与成人学习的区别之一，是他们的学习活动需要外在的组织与激励。换言之，由于中小学生是成长中的学习者，是正在走向成熟的学习者，不是完

全意义上的自主学习，也不是真正的自我监控条件下的自学，而只是半自主、半自我监控下的学习，是在社会大教育体制下的以学会学习为目标的学习。因此，对中小学生而言，反馈评价是重要组织、激励手段，也是促成学习者学会调控自己，学会改进学习方法，学会改进学习策略，亦即学会学习的重要助力。

反馈与评价是教育手段，是促成学习者反思和调整修正的方法，也是教师组织学生活动的重要方式。有经验的教师都非常重视并经常应用这一手段，关键是要用得及时，用得适度，用得符合学习者发展的需要。要特别强调的是，表扬或批评只是反馈的一种方式，而不是唯一的方式。因为，从学生的问题中引出新的问题，在学生的思考中发现亮点，故意设置障碍让学生自己发现新的现象，以及其他所有旨在拓展、引申、质疑、问难的师生活动，都是有针对性、有启发性的反馈形式。从根本上说，反馈是教师对一部分学生学习思考的回应，也是教师与其他学生参与学习活动，对一些学习者的某些表现表示关注或兴趣，从而激发起他们继续学习意愿的手段。所以，肯定表扬是反馈，批评纠正是反馈，把学习活动引向深入更是重要的反馈。

为此，教师不但要认真倾听学生发言，认真观察学生的学习活动，而且要引导其他学生倾听、观察、参与、关注。所谓的学习共同体，首先是一个关心学习活动的群体，是一个相互之间有反馈、有回应、有共同学习兴趣的群体。在这样的群体里，学习困难将比较容易得到解决。

总而言之，由于在学校组织中的重要地位，教师对学习者的学习活动，可能存在着积极与消极的双重影响。教师在态度与方法上的恰当与否，都可能直接影响到学习者学习效果的好坏，都会有利于或有损于学生学习的有效性。因此，正确认识学校教学活动的特殊背景，在正确把握师生复杂与多变的关系的同时，恰当地设计并实施教师的教育行为，是有效提升教学质量、促成学生有效学习的有效途径，也是教师个人从教育实践中获得提高、收获成功与乐趣的有效手段。在课程与教学改革日益深入发展的今天，改进教师工作方式，促成更多学生实现有效学习，应该成为中小学教师的理性选择，也应该成为教育管理者关注的重要课题。

第三节 利用优质学科资源
培养复合型国际通用人才

本节以广东外语外贸大学为例。广东外语外贸大学由 1995 年两校合并时的 12 个本科专业（其中外语专业 9 个，经济类专业 3 个）发展为现在的 46 个，涉及的学科门类由当初的 2 个（文学、经济学）发展为现在的 7 个（文学、经济学、管理学、法学、工学、教育学、理学）。学科和专业结构上的这一巨大变化，客观上标志着广东外语外贸大学已经发展为一所多科性的大学，同时也为学校实现培养适应社会需要的复合型国际通用人才这一目标提供了有利条件。广东外语外贸大学充分利用这些有利条件，顺应时代和社会的发展大势，在培养适应社会需要的复合型国际通用人才方面做了一些有益的探索，取得了一定的成效。

一、复合型国际通用人才培养目标的确立及培养模式的探索

高等教育担负着为国家和社会培养高素质人才的重任。面对日渐扩大的经济全球化趋势，面对日益激烈的国际竞争，面对中国加入WTO（世界贸易组织）的新形势，如何构建在知识经济时代里创新人才的培养体系，如何培养适应国家未来发展需要的高级专门人才，已成为当今高等教育迫切需要解决的重大课题。广东外语外贸大学解放思想、实事求是、与时俱进、创新办学理念、理清办学思路、明确发展定位、整合学科优势，创立了"专业教学与外语教学融合，培养国际通用型人才"这一具有鲜明特色的人才培养模式。同时，把人才培养目标和规格明确定位为："践行'明德尚行、学贯中西'的校训，培养一专多能、'双高'（思想素质高、专业水平高）、'两强'（外语

实践能力强、信息技术运用能力强），具有国际视野和创新意识，能直接参与国际竞争与合作的国际通用型人才。"

应该说，这样一种人才培养模式、人才培养目标和规格的确立是长期探索和实践的结果。早在广东外语外贸大学组建之前的 1994 年，原广州外国语学院就在本科生中倡导并推行专业主辅修制。1995 年，广东外语外贸大学正式制定了《关于本科生实行主辅修制的暂行规定》（以下简称《规定》），专业主辅修制开始全面实施。该《规定》明确指出，本科生实行主辅修制，其目的是"为适应社会主义市场经济的需要，培养德才兼备、一专多能的应用型外语外经贸人才"。《规定》提出：鼓励学生跨学科大类选读辅修专业，要求辅修专业必须开设 8 门以上主干课程，总学时不得少于 450 学时。修完辅修专业规定的课程，考试成绩合格的学生可获得辅修专业合格证书。限于当时学科门类和专业的数量，实施主辅修制的专业和人数规模都还比较小。不过，社会对主辅修制毕业生的需求很旺，主辅修制发展势头很猛，为后来实施双专业学位教育打下了良好的基础。

1999 年，广东外语外贸大学正式开设本科"4+1"双学位教学班。当时颁发的关于本科"4+1"双学位教学班暂行管理规定指出，这一举措是"为了适应社会和经济发展对复合型人才的需要"，是为了有效地"实现学科间的交叉渗透，提高教学质量"。关于培养目标和规格，暂行管理规定指出："学校积极鼓励和引导思想品德好、专业基础扎实、成绩优良且学有余力的学生，在认真完成第一专业学业的同时，结合所选的辅修课程，跨学科大类从第 4 学年开始修读第二专业所规定的课程，经过 5 年在校学习，成为既掌握第一专业的基础理论、基本知识和技能，又具有第二专业基础知识和技能的复合型优秀人才。"当年开设了 3 个专业的本科"4+1"双学位教学班，分别是：英语、国际经济与贸易、会计学。这 3 个专业均为广东外语外贸大学开办时间较长的优质专业。当年的修读人数为：英语专业 34 人，国际经济与贸易专业 53 人，会计学专业 27 人。

至此，广东外语外贸大学围绕着"培养复合型国际通用人才"这一人才培养目标，形成"专业＋辅修"的主辅修制和"4+1"双学士学位制这样两种主要的人才培养模式。其中，辅修专业及专业方向至今已开设18个，涉及文学、经济学、法学、管理学和工学5个学科门类。

二、"4+1"双学士学位教育的实践及其效果

继英语、国际经济与贸易、会计学3个专业之后，至2005年9月止，广东外语外贸大学又先后开设了法学（国际经济法、WTO法）、工商管理、市场营销、新闻学、计算机科学与技术、英语（翻译实务）、国际经济与贸易（财经新闻）等8个"4+1"双学士学位专业和专业方向。

对于"4+1"双学士学位制第二专业或专业方向的设置，广东外语外贸大学遵循以下几个原则：以学生为本，着眼于培养高素质的复合型国际通用人才；紧密结合社会发展的趋势和需求；以本校的优质学科和专业为依托。

对学生选读"4+1"双学士学位制第二专业的条件，学校通过正式颁布的文件做了如下规定："1. 第一专业课程成绩全部合格且平均成绩不低于70分；2. 已通过大学英语6级或英语专业4级考试；3. 思想素质好，没有受过记过（含记过）以上处分。"对于选读英语专业的学生，还要求必须参加过英语专业辅修并已修满10个学分。对于选读计算机科学与技术专业的学生，则另外要求其计算机公共基础课成绩不低于80分或已取得计算机等级考试（全国或广东省）合格证书。设置这些条件的目的是保证学生的质量和培养目标的有效实现。

为了更好地说明问题，试举两个实例。

2005年，广东外语外贸大学在"4+1"双学士学位制第二专业系列里设置了国际经济与贸易（财经新闻）和英语（翻译实务）两个专业方向。先说国际经济与贸易（财经新闻）。笔者调查了解到，新闻媒体很需要外语好，同时又具备经济学教育背景的新闻工作者。他们需要这样的新闻工作者把媒体的触角直接伸往世界各地的经济领域。

根据这一情况，广东外语外贸大学与某报业集团合作，作为尝试共同策划和开设了国际经济与贸易（财经新闻）。具体做法是：从新闻学专业和德语、法语、西班牙语、俄语、意大利语、日语等专业在校三年级学生中选拔学生，组成国际经济与贸易（财经新闻）教学班；专门制订以国际经济与贸易专业主干课程为主、新闻学专业课程为辅的课程和教学计划，由以上两个专业学院共同组织实施。学生修完规定课程和教学计划、成绩合格且符合学位授予条例的，授予经济学学士学位（第二学位）。

再看英语（翻译实务）。2005年，广东外语外贸大学经过充分论证组建了高级翻译学院，其主要任务是实施本科后教育，培养高级翻译人才。根据高级翻译人才的培养特点、社会对高级翻译人才的需求特点和广东外语外贸大学的实际情况，从经济学、管理学、法学、工学等学科的专业中选拔英语成绩优秀的学生，经过专门组织的英语口试、笔试筛选，组成英语（翻译实务）教学班，由高级翻译学院组织实施课程和教学计划。

本着宁缺毋滥、质量保证的宗旨，在规模上做出一定的限制。尽管报读者踊跃，以上两个专业中，国际经济与贸易（财经新闻）班只招收了19人，英语（翻译实务）班招收了41人。

几年来的探索和实践收到了良好的效果。首先是学生受益，其次是用人单位欢迎，最后是家长和社会广泛认同。就学生受益和用人单位欢迎这两个方面看，"4+1"双学士学位毕业生的就业情况一直很好，且就业单位层次较高，尤其受到跨国大公司、国有大企业、政府机关和事业单位的青睐。对于有志于继续在国内外读书深造的毕业生来说，5年跨学科大类的双专业教育为他们打造了更加宽阔的发展平台和更加坚实的基础。近两年来，报读"4+1"双学士学位班的学生呈成倍增长的势头，说明这一培养模式受到越来越广泛的认同。

以下两个表格（表2-1、表2-2）可进一步说明"4+1"双学士学位教育的实际效果。

表 2-1　2005 届本科 "4+1" 双学位毕业生情况表

第二专业及其毕业生人数和就业情况 *	第一专业	人数	所占比例/%
法学：共43人 （至2005年9月16日 尚有1人未就业）	国际经济与贸易	5	11.62
	金融学	1	2.32
	工商管理	3	6.97
	市场营销	6	13.95
	会计学	4	9.30
	汉语言	2	4.65
	英语	17	39.53
	法语	1	2.32
	西班牙语	1	2.32
	日语	2	4.65
	越南语	1	2.32
国际经济与贸易 共59人 （100%就业）	英语	41	69.49
	法语	1	1.69
	俄语	1	1.69
	日语	1	1.69
	越南语	1	1.69
	工商管理	3	5.08
	市场营销	1	1.69
	财务管理	1	1.69
	法学	1	1.69
	外交学	1	1.69
	汉语言	4	6.77
会计学 共36人 （100%就业）	英语	20	55.55
	西班牙语	1	2.77
	汉语言	3	8.33
	法学	6	16.66
	外交学	2	5.55
	金融学	2	5.55
	国际经济与贸易	2	5.55

第二专业及其毕业生 人数和就业情况 *	第一专业	人数	所占比例 /%
英语 共 26 人 （100％就业）	法学	4	15.38
	外交学	1	3.84
	国际经济与贸易	2	7.69
	金融学	4	15.38
	工商管理	5	19.23
	市场营销	3	11.53
	财务管理	3	11.53
	会计学	4	15.38

*2005 届就业情况由广东外语外贸大学学生就业指导中心提供

表 2-2　2004 届本科"4+1"双学位毕业生情况表

第二专业及其毕业生 人数和就业情况 *	第一专业	人数	所占比例 / %
法学 共 52 人 （98.08％就业）	国际经济与贸易	5	9.61
	金融学	5	9.61
	工商管理	3	5.76
	市场营销	2	3.84
	会计学	4	7.69
	财务管理	7	13.46
	汉语言	3	5.76
	英语	20	38.46
	西班牙语	1	1.92
	日语	2	3.84
国际经济与贸易 共 52 人 （100％就业）	英语	37	71.15
	德语	2	3.84
	西班牙语	3	5.76
	日语	6	11.53
	法学	2	3.84
	汉语言	2	3.84
会计学 共 16 人（100％就业）	英语	12	75
	金融学	4	25

续表

第二专业及其毕业生 人数和就业情况 *	第一专业	人数	所占比例 / %
英语 共 22 人 （100% 就业）	法学	2	9.09
	汉语言	3	13.63
	国际经济与贸易	4	18.18
	金融学	4	18.18
	市场营销	1	4.45
	财务管理	3	13.63
	会计学	5	22.72
工商管理 共 21 人 （95.24% 就业）	英语	9	42.85
	德语	1	4.76
	汉语言	2	9.52
	法学	3	14.28
	国际经济与贸易	3	14.28
	金融学	3	14.28

*2004 届就业情况依据 2004 年 12 月 30 日《南方日报》公布的"广东省 2004 年高校本专科毕业生总体就业率"

以上两个表格显示，修读"4+1"双学位制第二专业的学生来源于不同的专业，其中，修读经、管、法类第二专业的学生主要来源于外语专业，尤其是英语专业。

三、着眼于未来的几点认识

随着我国高等教育步入大众化阶段，公民接受高等教育的机会必然越来越多。当人们的物质生活逐步富裕起来，公民接受高等教育的权利不再受到教育资源紧缺的限制的时候，选择接受第二乃至第三个专业的高等教育的学生势必会不断增加，因为在大部分人都有机会接受一个专业的高等教育的时候，谁同时又接受了第二专业的教育，谁就具备了更加有利的竞争和发展优势。

随着社会的不断发展、规范和高等教育的不断普及，社会对人才的使用和消费变得越来越理性。人才浪费或者人才高消费的状况将受到抑制。除从事教育、研究等纯专业机构或部门外，大部分机构或部

门将从竞相争夺高学历人才的盲从中解脱出来。而本科层次双学位乃至多学位的毕业生将受到越来越广泛的欢迎。

从欧美发达国家高等教育的发展历程看，高等教育发展到一定水平的时候，高等学校里自觉接受多专业教育的学生就自然增多。同时，人才的质量也随之提高。世界上许多著名的专家、学者及各行各业的杰出人物，都有着在本科阶段接受多专业教育的经历。这或许可以作为本科双学位教育潜藏着巨大生命力的另一个佐证。

第四节　教师课堂教学质量的模糊综合评价

教师课堂教学作为学校的主要教学形式，具有其他形式所不可取代的优势，并占据学校教学的基础地位。课堂不但是传授知识的殿堂，也是培养思维方式的重要途径，而教师是实现课堂教学目的、掌握教学质量的关键，因此做好对教师课堂教学的监督、评价，建立合理的教师课堂教学质量评价体系并采用合理的评价方法进行评价是稳定和提高教育质量的基础。课堂教学直接关系到学校的办学水平，关系到人才培养质量。应怎样更合理、公正地去评价一个教师的教学水平和课堂教学质量呢？

一、目前常用的评价方法

对于教学质量的评价有一个基本特征即模糊性，如评价尺度优、良、中、差就是典型的模糊概念，没有明确的外延。目前，许多学校对教师课堂教学的评价使用的是学生打分法。但是由于"量化"作为评价的手段，把不可量化的、具有模糊性的东西硬给量化，因此存在很多问题。①评价方法不科学。②对象操作有难度。评价指标不够科学、全面，概念所指较模糊，因此由学生给教师定量打分，学生感觉困难，因此回收问卷的有效率低。③操作结果可信度低。由学生评价教师，是人对人的评价，师生关系的好坏、教师严厉与否、学生对评价活动的态度等对评价结果都会产生影响。因此，以一般传统量化为手段的评价方法并没有真正起到促进教师提高教学水平、提升课堂教学质量的目的。

二、课堂教学质量的模糊评价

为了克服以上缺陷，提高测评效果，追求评价方法的科学性、评价内容的全面性、评价结果的准确性和评价组织的高效性，结合传统评价方法，吸取目前先进的管理方法，应用模糊评价法把定性考核和定量考核结合起来，首先建立科学合理的考核指标、确定规范的考核标准，然后选择并运用评价模型进行评价。

1. 评价指标设置原则

评价指标的建立不是随心所欲的，必须要遵循一定的原则，才能使建立的指标体系更加合理，更具有说服力，一般说来，遵循的原则如下。

①科学性原则：能够客观地反映分析对象本身的性质、特点、内在关系和变动过程。对于课堂教学评价，指标体系反映的应该是课堂教学质量的内涵要求。

②全面性原则：应尽可能从各个角度反映对象的全貌，防止以偏概全；同时，也要力求抓住重点，防止因小失大，要从全局出发，建立完整的评价指标体系，有利于评价结果的公正性和权威性；建立的指标体系应能综合反映对象各方面的特性、特征。

③独立性原则：同一层次的各指标能各自说明被评对象的某一方面，指标间应尽力不相互重叠，相互间不存在因果关系。

④可行性原则：尽可能利用现有统计系统公开的统计数据，保证评价的可操作性和公开性，提高指标体系在实际工作中执行和应用的可行性。

⑤以人为本原则：人是一个社会组织的最宝贵财富，学校提高教学质量就是要充分利用人力资源，使他们在教学中发挥出尽可能大的作用。因此，课堂教学质量评价应体现重视人、尊重人、爱护人、激励人的思想；在指标体系的设计上也应体现这一思想。这里的人包括教职工和学生。

2.评价指标体系的构建

课堂教学质量评价是以一定的目标为准绳的价值判断过程，也是一个综合概念，它涉及教学方法、教学水平、教学效果等诸多方面。结合实际，选择教学态度、教学水平、教学效果及教学方法手段与课堂教学密切相关的四个一级指标进行评价，具体评价指标体系见下图（图2-1）。

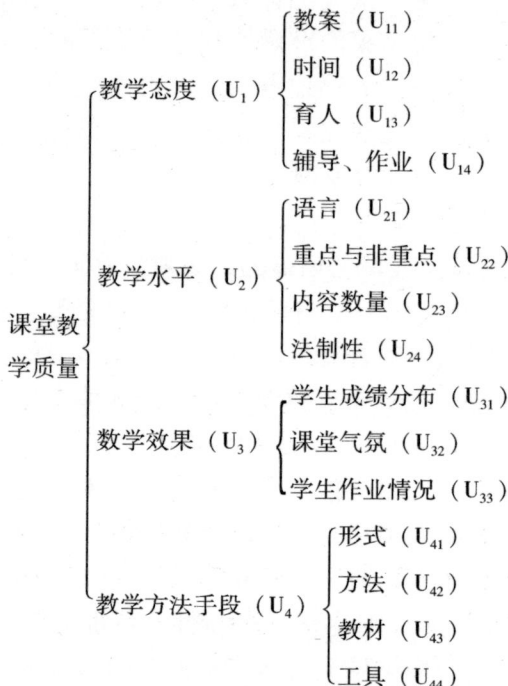

课堂教学质量
- 教学态度（U_1）
  - 教案（U_{11}）
  - 时间（U_{12}）
  - 育人（U_{13}）
  - 辅导、作业（U_{14}）
- 教学水平（U_2）
  - 语言（U_{21}）
  - 重点与非重点（U_{22}）
  - 内容数量（U_{23}）
  - 法制性（U_{24}）
- 数学效果（U_3）
  - 学生成绩分布（U_{31}）
  - 课堂气氛（U_{32}）
  - 学生作业情况（U_{33}）
- 教学方法手段（U_4）
  - 形式（U_{41}）
  - 方法（U_{42}）
  - 教材（U_{43}）
  - 工具（U_{44}）

图2-1 课堂教学质量评价指标体系

指标体系合理与否，直接影响评价结果是否准确。教学质量评价可以通过教学态度、教学水平、教学效果和教学方法手段等一级指标进行。为使评价指标更具有可操作性，又可以将这些一级指标细化为更多的二级指标。同时，由于不同的评价主体评价角度不同，因此，根据不同的评价主体，这些一级指标及其所属二级指标也可做相应调整。

（1）教学态度

教学态度是教师对教学的看法及所采取的行为。教师的教学态度主要从以下的二级指标来反映。

①教案：指教师备课是否充分、对课堂内容是否熟悉，内容是否符合本课程的大纲要求。

②时间：指教师上课是否遵纪守时，是否按照教学计划安排并保证所有教学时间。

③育人：是否教书育人。

④辅导、作业：指教师是否耐心辅导学生布置并及时批改学生作业。

（2）教学水平

教师的教学水平主要从以下的二级指标来反映。

①语言：指教师讲课表达是否清晰、有逻辑性，语言是否流畅、简洁。

②重点与非重点：指教师在教学中是否重点突出，难度、深度是否适宜；是否吸收和充分反映发展的新成果。

③内容数量：指教学内容有无错误等方面，课堂所讲授内容的数量是否适宜。

④法制性：指教师的言行、课堂讲授的内容是否尊重学生，是否符合国家的法律法规，是否符合学校的规章制度。

（3）教学效果

教师的教学效果主要从以下二级指标来反映。

①学生成绩分布：指期中、期末本课程的学生成绩的分布情况。

②课堂气氛：指学生对课堂内容的兴趣反映（包括神态、语言等）及教师在课堂上的精神面貌。

③学生作业情况：指学生作业的完成率与正确率。

（4）教学方法手段

教师的教学方法手段主要从以下二级指标反映。

①形式：指教师是否灵活运用课堂教学的组织形式，如分组或不分组授课，室内、室外等上课场所的变换，理论与实践的结合，等等。

②方法：指教师是否根据学生的特点灵活运用各种教学方法，如讲授法、问答法、讨论法、演示法、实验法等。

③教材：指本课程指定教材是否适合学生的特点，是否具有代表性与先进性。

④工具：指是否适当运用适合本课程的视听等多媒体工具进行教学。

3. 评价模型的选择

要给课堂教学质量一个准确的综合评价，其评价工具——数学模型的选择也是关键的一步。由于课堂教学质量指标虽然有些是"非此即彼"的明确状态，但有很多是"亦此亦彼"的过渡状态或模糊状态，具有渐变性，而且指标属性间的关系绝大多数为非线性关系。方案各指标间的相互关系通常无法用定量关系式来准确地描述。还有由于人的参与而产生的主观上的随意性及认识上的模糊性等。由于这些原因，用绝对或明确的评语去评价并不是绝对或在某种程度上有些模糊的被评价对象的一般方法模型，其评价结果是不准确的。但模糊评价模型可以给这些指标作出明确的定量评价。

（1）模糊综合评价模型

从课堂教学质量指标体系可以看出，本体系具有元素量大，又具有模糊性的特点，故本文采用了多级模糊综合评价。其数学模型如下：

将评价因素组成因素集，并将分成若干组 $U = \bigcup_{i=1}^{n} U$ （$U_i \cap U_j = \boldsymbol{\Phi}$, $i \neq j$）。

则：子因素集 U_i $\{u_{i1}, u_{i2}, \cdots, u_{ini}\}$，各个子集包含的因素个数各不相同。
于是

$$U = \{u_{11}, u_{12}, \cdots, u_{1n1}; u_{21}, \cdots, u_{2n2}, u_{p1}, \cdots, u_{pnp}\}$$

再令 $= \overline{U} \{u_1, u_2, \cdots, u_n\}$，称为 2 层因素集，其中元素 u_i 为 1 层因素集的子集。

设评价集 $V = \{v_1, v_2, \cdots, v_m\}$。对 $U = \{u_{i1}, u_{i2}, \cdots u_{in}\}$ 中诸因素分别进行单因素评价，确立隶属度函数，得出隶属度，建立模糊映射 $\overline{f}_i: U_i \rightarrow F(v)$，$i(u_{ik}) = (r_{k1}^{(i)}, r_{k2}^{(i)}, \cdots, r_{km}^{(i)}) \in F(v)$ 其中 $r_{kj}^{(i)}$ 为各因素隶属度集（$j = 1, 2, \cdots, m$）。

以各因素隶属度集合得模糊评价矩阵 R_i。以（U_i, V, R_i）为原始模型。在 U_i 中给出诸因素的权重分配

$$W_i = (w_{i1}, w_{i2}, \cdots, w_{ini}) \text{（各因素的权重之和为1）}$$

即可以求得综合评价结果

$$S_i = W_i \circ R_i \in F(v) \qquad (i = 1, 2, n) \qquad (1)$$

归一化 S_i 为 S_i

再考虑 2 层因素集 $\overline{U} = \{U_1, U_2, \cdots, U_n\}$，以 S'_i 作为因素 u_i 的单因素评价，建立模糊映射

$$f: \overline{U} \rightarrow F(v), \quad U_i \rightarrow f(U_i) = S'_i$$

得 2 层评价矩阵 $R = (S_1', S_2' \cdots, S_n')^T$

以 $(\overline{U}, V, R)$ 为原始模型，在 $\overline{U}$ 中给出诸因素的权重分配

$$W = (w_1, w_2, \cdots w_n) \qquad \text{其中} \sum_{i=1}^{n} w_i = 1$$

则可求得又一层的综合评价结果

$$S = W \circ R = \in F(v) \qquad (2)$$

更多层的评价可依此类推，可求得总体综合评价结果。将总体综合评价结果归一化，在归一化的评价中，根据最大隶属度原则得出教学质量的最后评价。

本模型的思想是，先按最低级层次的各个因素进行综合评价，一层层依次往上评，直到最高层，得出最终的评价结果，即模糊综合评价的方法是由末端开始逐级向上的评价方式。

（2）因素权重的确定

给诸因素的权重分配时本文采用了德尔斐咨询法，其方法原理如下：

设评价对象的评价指标为 $U = \{u_1, u_2, \cdots u_n\}$，现有 m 个专家分别就其中元素作出权重判定，其处理方法是：首先分别向有关专家提出问题，然后将他们的意见综合归纳起来，并匿名反馈给有关专家再次征求意见，而后再度重复上述过程，如此反复几次，直至最终得出专家比较一致的意见。

（3）评价指标隶属度的计算

恰当的隶属函数的确定是模糊综合评判的关键，它可以得到准确的一级评价指标的隶属度。由于本文评价指标体系的一级指标都是定性指标，不能用隶属度函数来描述它的变化规律。因此为了得到更准

确和客观的结果，本文一级评价指标隶属度的评分通过专家组综合计算得出。

根据前面指标的分类，选取的专家有治学严谨、德高望重且仍活跃在教学第一线的老专家，经验丰富、思维敏锐的中青年专家，从事教学管理的管理专家，高教理论研究专家，熟悉教学工作各管理环节的咨询专家。各类专家分别组成专家组，并分别为各组对应的指标评分。为了保证评分的客观性，在评分之前，专家组必须充分交换意见。根据评价集 V={v_1，v_2，v_3，v_4，v_5，}，即本文以下综合评价给每个评价因素设立五个等级，专家组给各因素在评价集的五个等级上分别评分，其中每个因素的五个等级评分之和为1。再求每个因素各评价等级的专家组的评分几何平均值，这样每个因素的各评价等级的几何平均值就组成该因素的隶属度。例如：专家评分范围为（0.8，1）∈ v_1；（0.65，0.8] ∈ v_2；（0.5，0.65] ∈ v_3；（0.4，0.5] ∈ v_4；（0，0.4] ∈ v_5。

（4）模型数据模拟分析

以某教师某门课程为例，对其课堂教学质量进行综合评价。

首先计算评价要素"教学水平"的综合评价结果 S'_{11}：

教学水平的各评价因素的权重分配为：

W_{11}＝（0.3 0.2 0.3 0.2）

教学水平的各评价因素的各评价等级组成的初级评价矩阵 R_{11} 为：

$$\begin{pmatrix} 0.2 & 0.5 & 0.2 & 0.1 & 0 \\ 0.1 & 0.4 & 0.3 & 0.2 & 0 \\ 0 & 0.4 & 0.3 & 0.2 & 0.1 \\ 0.2 & 0.3 & 0.4 & 0.1 & 0 \end{pmatrix}$$

则：$S_{11} = W_{11} \cdot R_{11}$

$$= （0.3\ 0.2\ 0.3\ 0.2） \begin{pmatrix} 0.2 & 0.5 & 0.2 & 0.1 & 0 \\ 0.1 & 0.4 & 0.3 & 0.2 & 0 \\ 0 & 0.4 & 0.3 & 0.2 & 0.1 \\ 0.2 & 0.3 & 0.4 & 0.1 & 0 \end{pmatrix}$$

= （0.12 0.41 0.29 0.15 0.03）

将 S_{11} 归一化即得教学水平的综合评价结果 S'_{11}

$$（0.12\ 0.41\ 0.29\ 0.15\ 0.03）\tag{3}$$

同理，分别得到"教学态度""教学效果""教学方法手段"的综合评价 S'_{12}、S'_{13}、S'_{14}：

$$S'_{12}=（0.175\ 0.33\ 0.355\ 0.12\ 0.02）\tag{4}$$

$$S'_{13}=（0.14\ 0.3\ 0.39\ 0.1\ 0.07）\tag{5}$$

$$S'_{14}=（0.24\ 0.32\ 0.34\ 0.08\ 0.02）\tag{6}$$

最后，将上述(3)～(6)式组成四大评价要素的评价矩阵 R_1 为：

$$R_1\begin{pmatrix}0.12 & 0.41 & 0.29 & 0.15 & 0.03\\0.175 & 0.33 & 0.355 & 0.12 & 0.02\\0.14 & 0.3 & 0.39 & 0.1 & 0.07\\0.24 & 0.32 & 0.34 & 0.08 & 0.02\end{pmatrix}$$

教学质量的各评价要素的权重分配为：

$$W_1=（0.3\ 0.2\ 0.3\ 0.2）$$

因此，

$$S_1=W_1\cdot R_1$$

$$=（0.161\ 0.35\ 0.34\ 0.115\ 0.034）$$

将 S_1 归一化得到

$$S'_1=（0.161\ 0.35\ 0.34\ 0.115\ 0.034）$$

即对某教师某门课程的课堂教学质量综合评价结果为：评价为"好"的等级占16.1%，评价为"较好"的等级占35%，评价为"一般"的等级占34%，评价为"较差"的等级占11.5%，评价为"差"的等级占3.4%。

根据模糊评价的最大隶属度原则，35%为最大评价结果，所以最后评价结果为某教师某门课程的课堂教学质量为"较好"的范畴。

三、结果与讨论

由于各类评价指标性质不同，采用分类的办法处理因素，不仅一

定程度消除了模糊性，而且把某些不能直接比较的参数换算成无量纲的相对数值，并溶于同一数学模型中，满足了通用性和可比性的前提条件。但还要说明的是，在有些指标的归类方面，因侧重点不同，就会有不同的归类方法，这样变动的分项指标的综合评价结果就有变动。

量化问题贯穿在整个体系的每一个角落，统计数据是体系运行改进的依据。教育者必须确定相应的管理工具和技术，建立数字化的管理体系，才可能真正实现管理体系的持续改进，不至于落入形式主义的陷阱。

由于模糊评价法使用了大量而且复杂的计算，阻碍了管理人员的掌握和使用，因此，为了便于应用及管理的计算机化，上述计算和分析过程还可通过编写相关软件利用计算机来完成。

表 2-3　模糊评价法指标体系

评价要素			评价因素			评价等级 V				
序号 i	U	权重	序号 i	U	权重 W	V_1	V_2	V_3	V_4	V_5
								模糊矩阵		
						好	较好	一般	较差	差
1	数学水平指标	0.3	1 2 3 4	语言	0.3	0.2	0.5	0.2	0.1	0
				重点与非重点	0.2	0.1	0.4	0.3	0.2	0
				内容数量	0.3	0	0.4	0.3	0.2	0.1
				法制性	0.2	0.2	0.3	0.4	0.1	0
						好	较好	一般	较差	差
2	数学态度指标	0.2	1 2 3 4	教案	0.25	0.2	0.3	0.4	0.1	0
				时间	0.25	0.2	0.3	0.5	0.1	0
				教材	0.3	0.2	0.4	0.3	0.1	0
				辅导、作业	0.2	0.2	0.3	0.2	0.2	0.1
						好	较好	一般	较差	差

续表

评价要素			评价因素							评价等级 V
3	教学效果指标	0.3	1	学生成绩分布	0.3	0.1	0.3	0.4	0.1	0.1
			2	课堂气氛	0.4	0.2	0.3	0.3	0.1	0.1
			3	学生作业情况	0.3	0.1	0.3	0.5	0.1	0
					好	较好	一般	较差		差
4	教学方法手段指标	0.2	1	形式	0.2	0	0.3	0.3	0.1	0.1
			2	方法	0.3	0.2	0.3	0.3	0.2	0
			3	教材	0.3	0.4	0.3	0.3	0	0
			4	工具	0.2	0.3	0.4	0.3	0	0

第五节　案例教学法与项目教学法在教学中的应用

　　作为一门新兴学科，旅游具有实用的特点，旅游管理工作要求其从业者具有实际思考、独立决策的能力。有鉴于此，国内不少大专院校的旅游专业或多或少都运用了案例教学法或项目教学法，但他们多为中文教学，或辅以英文参考书，而对这两者结合教学的特点及适用性鲜见探讨。

　　旅游方向性课程作为英语本科的新兴专业，培养学生的目标不仅要求学生具有坚实的英语基础、较强的英语水平，还要求其掌握旅游管理的理论知识，学会独立思考、调查研究、分析归纳、独立决策等能力。这就意味着学生必须能够独立阅读旅游管理英文原版学术著作，熟练运用英语进行旅游管理方面的表达和交流，成为新一代国际旅游管理人才。笔者在近几年的本科英语专业旅游方向性课程教学中应用了案例教学法及项目教学法，并在此对两种教学法在以英语进行教学的旅游方向课程教学中的应用、效果及存在的问题进行初步探讨。

一、案例教学法理论

（一）定义与特点

业界对案例教学法与项目教学法的探讨很多，但目前似乎没有形成一个统一的认识。有些文章更把案例教学法与项目教学法混为一谈。

经典的案例教学法定义如下："它是一种教学方法——在这种教学方法中，学生和教员一起参与对企业案例或问题的直接讨论。这些案例来自实际经历并通常以书面形式准备，学生在教员的指导下阅读、研究和讨论。因此，案例方法包括一个特定形式的教学材料（案例）和在教学过程中使用该材料（案例）的特殊技巧。"（Waterman，1998）案例教学鼓励学习者深入角色和环境中，并将所学进行实际运用。

区别于传统教学法，案例教学法具有许多特点。它是借由案例作为师生互动的教学方法，其根本意义是结合教学主题，通过讨论、问答等师生互动的教学过程，让学习者了解与教学主题相关的概念或理论，并培养学习者高层次能力的教学方法。

（二）案例教学法的不足

案例教学法能促进学生对新知识的理解，提高他们的兴趣与学习积极性，但学生学到的是零碎的知识，此外，它不能锻炼学生实际动手、调查研究及综合决策的能力。因此，要培养全方面发展的管理人才，在教学上仍须补充其他方法。

二、项目教学法理论

（一）定义与特点

项目教学法要求学生实际钻研现实问题，完成布置的任务，从而在此过程中学习到相关的知识和技能。该教学法将理论知识与实际思考结合，要求学生具有实际工作的知识和技能，激发学生的学习动力

和积极性。

（二）项目教学法的不足

学生参加的项目小组工作是在一个孤立的、特殊的情景中，所得到的知识和经验是零碎的，不易掌握有普遍指导意义的通用规律，它难以提供系统的知识和理论，不能代替课堂讲授与教材阅读。

三、小组教学

学习以外语进行教学的专业课程，学生所面临的困难不仅仅是专业知识方面的，同时还有语言方面的，两者不可分割。要解决这些困难，小组教学不失为一种有效的教学方式，可以使学生克服专业知识与语言水平不足的困难，帮助学生理解所学知识。

小组教学具有许多优点。学生个人学习的时候，他的能力及所能理解的深度、广度都有所局限，而小组的学习能有效地弥补个人的不足，组员之间可以取长补短。此外，学生还能锻炼各种组织、沟通能力。小组学习提供了与实际工作相一致的环境，有助于学生适应将来的工作环境。

四、案例教学法与项目教学法在本科英语专业旅游营销课程教学中的应用

（一）具体做法

基于两种教学法各有的优、缺点，笔者在所负责的本科英语专业旅游方向营销课程教学中，在教师讲授的基础上，同时应用了案例教学法和项目教学法，以对案例教学法及项目教学法的适用性做初步的探索。

笔者在案例教学和项目教学的操作中均运用了小组教学方式，小组规定成员为 4～6 人，由学生自愿组成。具体做法为：该课程授课时间为一个学期，共由几个主题组成，每个主题由教师讲座和小组案例讨论组成；教师讲座首先进行，案例则在之前分发给每个小组学习、理解、讨论，然后由负责该主题案例的小组向全班做讲解，最后教师引导其他学生进行讨论；而贯穿整个学期的是一个分组进行的课题项目，由学生从所学主题范畴中自行选定一个课题，小组做计划，进行调查，讨论、分析所掌握的资料并得出结论，最后向全班做讲解，分享成果，教师和其他学生进行讨论。案例教学和项目教学过程中，教师只作为号召者、引导者及讨论时的参与者，只在学生需要时给以理论理解、资料收集及项目课题组织方面的支持。所有的课堂活动都用英语进行。

（二）应用情况调查

为调查两种教学法的效果，笔者为旅游专业方向的学生设计了一份调查问卷，在课程学期末实施，以调查学生对两种教学法应用的反馈。每个小项为一个陈述句，伴有"1～5"选项，"1"代表"完全不同意"，"2"代表"不太同意"，"3"代表"不置可否"，"4"代表"基本同意"，"5"代表"完全同意"。问卷采用英语篆写，调查在学期期末进行。

第一期调查了上课的所有60名学生，其中55人参加了问卷调查，共回收问卷54份，问卷回复占学生总数的90%，可作为可靠参考。

（三）调查结果

问卷调查结果显示，学生对案例教学和项目教学的各项评分都高于一般水平，表明学生对案例教学和项目教学方法的喜欢程度比较高，其中，项目教学的得分更是居于首位。以下是各个部分的调查结果。

1. 案例教学

学生大都喜欢案例教学，认为小组进行案例分析和讨论很有意思，小组进行的案例学习和讨论过程学生都处理得很好，学生通过时间把握、组员相互合作，能用旅游营销理论理解案例，即或有不理解的，通过小组讨论，也能解决问题，无需依赖教师讲解。另外，学生认为所选的案例不够贴近中国的旅游营销实际。

2. 项目教学

学生在分小组做课题项目时，需要有明确的目的，在项目开始前进行大量的相关理论资料的阅读，然后分工进行大量的调查工作，并能运用所学理论分析主题项目。学生基本上都认为从中学习到不少，

同时建立了做旅游营销项目的信心。但学生需要教师对他们的主题项目进行指导。

五、旅游方向课程中应用案例教学法和项目教学法的适用性与存在问题

（一）适用性

对第二期学生进行的调查显示了极为近似的结果，两届学生都对案例教学法与项目教学法两者结合的教学方法给予了充分肯定，平均分值为 3.60 和 3.66。唯一不同的地方表现为新一届学生对该课程的喜爱程度有了较大的提高，平均分从原来的中间略高的平均分 3.24，上升到了 3.69；学生同时普遍反映从该课程中学到了不少旅游营销管理的理论与实践，平均分为 3.41。笔者的调查结果显示，案例教学法和项目教学法在旅游营销管理课中实施，对促进学生理解新知识、理论联系实际、培养独立思考、调查研究、分析归纳、初步决策及协同工作能力具有一定的效果，有助于培养具有一定旅游管理能力的人才，这表明两种教学法同样适用于旅游专业课程的教学。

本调查也显示了案例教学法和项目教学法的实施有助于提高学生的学习动力和学习积极性。学生普遍反映较深入细致地阅读案例，与小组成员积极讨论，达到共同理解的目的，讨论结果显示出他们基本上达到了理论与案例联系分析，以理论理解案例，剖析案例的教学目标；在课题项目上也都能独立完成项目，独立思考，小组做调查、分析、讨论并达成一致结论。

（二）存在问题

调查结果也反映出学生的总体积极性并不太高的问题。在没有案例讨论和项目任务的时候，学生的总体阅读积极性不太高，这有可能是英文原文阅读太难的原因。因此，需要帮助学生解决阅读上的困难。

与此同时，本次调查结果显示这两种教学法在旅游专业方向课程的实施仍然存在一定的困难，主要表现在案例的选择和项目的实施上。案例教学确实能帮助学生理解理论，通过小组讨论和学习，学生锻炼

了沟通和小组协作等能力，但是课堂上进行的案例讨论却没有达到其教学效果，学生参与感不够强的原因之一，可能在于案例选择。学生倾向于国内的案例，似乎认为外国案例不切实际，缺乏学习动力，同时也可能是英文材料太难，案例学习有一定的难度。

此外，项目教学的调查结果显示，学生能做到独立操作主题项目，也取得一定成效，但接受程度一般，这很可能是因为学生的调查研究程度水平不高所造成，因此需要教师更高程度的指导，才能降低学生的焦虑感，提高成就感。而新一年的旅游管理方向课程则相应地采用了更适合学生程度的英文原文教材及部分国内案例。

总之，案例教学法和项目教学法可以应用于本科英语专业旅游管理方向课程的教学，对学生的学习积极性有一定的促进作用，并能达到锻炼学生独立思考、理论联系实际、调查研究及初步决策的教学目的。但是在实施过程中，应注意明确教学要求，适当改进教学手段，提高学生的积极性与参与感。同时，在案例选择方面多增加国内相关的案例，项目教学时根据学生的语言水平、专业知识程度和调查研究水平的高低，适当降低或增加对学生的指导力度，从而更好地发挥两种教学法的效用，促进学生对旅游专业知识的理解，同时培养他们成为具有独立思考、调查研究、分析归纳、独立决策能力的新一代国际旅游管理人才。

第六节　基础日语教学方法

教师上课必须有教案。担任的课目不同、教学对象也有差异，因此教案制作并不存在特定的模式。诚然，最为标准化的基础日语教学程式是：复习—切入—展开—总结。不过，这也要视课目内容和具体的教学安排。另外，教案归根结底只能是授课内容的大致框架，如何使它"血肉丰满",尚需要教师讲求科学的教学方法,充分发挥自己的经验、知识体系等方面的作用。本节以基础(指大一、大二年级本科生)日语精读课程教学为中心,探讨一下基础日语教案作法及教学方法运用方面的规律。

一、教案制作

教案一般要涵盖如下内容:该堂课在整个课程中的地位、时间分配、阶段目标、具体的教室活动、拟使用的词汇、短语、句型等。在制作教案过程中,要注意以下几点。

首先,低年级学生的最大特点是日语语言能力较弱,他们对课堂及教师的依赖性强。解决这一问题的最好办法就是合理地把握授课密度,控制课堂进程。具体来说,要充分利用好课堂上的分分秒秒。尤其是在教学进度已定的场合,更要根据教学大纲、教学原则及目的合理地安排好课堂密度。精确地测定好学生了解和把握每个发音难点、每个表记问题、每个语法、逻辑修辞问题分别需时多少。

其次,不要"满堂灌"。面对日语知识相对贫乏的低年级学生,教师容易扮演起说教者的角色,上课"填鸭式"。教室是为学生而设的,所以要尽量给学生使用日语的机会,在进行解释说明之际,每进行完一个项目就要提问学生,留出时间让学生演练。当然演练是对话式的双向交流活动。通过这种活动,不仅可以活跃课堂氛围,更为重要的是做到了理论结合实际。不过,这种对话往往容易陷入教师提问、学生回答的僵化格式,这样收效就不会太好。正确的做法是:最初的几次由教师发问,并引导学生回答,起到示范作用。在此基础上,再让学生互相问答,依次解决有关问题。这么做可以充分发挥学生的主观能动性,使他们产生"我要学"的觉悟。长期这样坚持下去,学生更会形成"既要知其然,又要知其所以然"的好习惯。

最后,紧紧把握刚学过的及学生已储备的词汇、短语。孔子曰:"温故而知新。"(《论语·为政》)学习的过程就是重复过去、战胜遗忘

的过程。低年级学生运用能力较弱，学过的东西很少实际派上用场，这时，如果教师不让他们有足够的机会反复接触、演练旧东西，那么它们很快就会被遗忘掉。为了使学生产生良好的记忆效果，让学生随学随用是最好的手段。

二、教学方法

关于外语教学方法，历来存有诸多主张，流派五花八门，但是从整体上看不外乎三大类：①注重习得的自然法、直接法、模仿法；②侧重学习的译读法、认知法；③介于两者之间的折中法、精神力学法、交际法等。那么，外语教学中采用哪一类方法最好呢？笔者认为各种方法都有其合理的一面，最好的方法莫过于综合式或曰"多元式"。

在具体开展教学之际，应该留意如下教学方法。

第一，低年级日语教学的一个重心就是口语教学，因此，无论采用何种教学方法，都必须坚持强化训练的做法。口语教学一般是以模仿幼儿习得母语的过程为手段，以声音语言的运用练习为中心分以下七个阶段进行：听解练习；发音练习；反复练习；再生练习；置换练习；命令练习；定形练习。为了完成这七个阶段的强化过程，教师可以采取如下方法。

（1）模仿练习，即模仿、记忆练习。教师示范发音、示范对话、示范造句，之后让学生再三重复，以矫正发音、记忆句式、句型、短语及相关的对话、造句规则。这种做法的实践依据是"二战"后流行于美国的 AL 教学法（Audio-Lingual Approach）。

（2）句型练习是让学生习得句式的练习方法之一。它包括替换句子的部分内容、造出新句子的代入练习、将句式结构加以转换的转换练习、通过与教师对答掌握有关对话句型的应答练习及以造长句为目的的扩大练习。

（3）任务练习是设定好目标，让学生在完成它的过程中掌握预定的学习内容的练习方式。这是将课堂上的语言结构学习发展为实际社

会活动运作的练习。在交际教学法方面，作为培养学生实际交际能力的行之有效的方法之一，它一直颇受重视。

（4）角色扮演练习，实际上就是情境练习。教师在教案中设定好可供多人（2人以上）参与的情境，分配好角色，让学生在课堂上按照上述安排自由地开展对话。

（5）可以与角色扮演法取得异曲同工之效的方法中还有编剧练习。这是一种事先决定好对话线索，让参与者交互组合应答台词的练习。

（6）配对练习。在以教师为中心进行自由选择练习、各类句型练习的时候，如果班上学生太多，那么每人参与活动的机会就会非常有限。这种情况下如果采用配对练习法，让两人一组交互扮演"教师"与"提问者"的角色，就可以大幅度提高练习量。

（7）模拟辩论。教师设定好实际上有可能发生的社会问题作为辩论的议题，然后将学生分为正反方，让他们用作为目标语言的日语进行辩论。

（8）同样，工程设计法也是目标练习法之一。但有所不同的是教师分给每个"工程组"的工程不尽相同。而且作为实施工程的准备活动，各工程组需决定好组员的分工，让组员分别开展现场调查、情报收集、计划立案等工作，最后要将同组各组员的工作结果汇总成报告以口头或书面的方式发表出来。

（9）游戏。教师将游戏因素适当地引进教学活动中，解除学生的紧张心理。在轻松的环境中激发学生学习外语的积极性和创造性，如分组比得分、交替做种种活动、猜谜游戏、绕口令、取字尾（尻取）等。但是游戏应当适可而止。

（10）还有一种演剧法。教师设定好剧目，由学生在课堂上用日语自编自导剧情、台词、动作。这种做法可分为两类：一类是表演在某特定场合的本人；一类是表演假定场合的假定人物。

第二，要采用适当的方式引出话题。在引导单词、表现、语法、文章结构、用法等学习项目之际，大致有两种方式：①演绎法（先用

作为目标语言的日语做说明，然后用同值媒介语重复说明，最后提示实例）；②归纳法（不使用媒介语而是在提示实例后立即让学生学习其规则）。在后者，拟介绍的事项的意味也可通过实物、绘画、动作或既习的目标语言来表达。另外，作为导入材料，大多使用例句、对话等。

第三，低年级日语教学中不可忽视的一个重要问题是教材编选问题。由于日语的发音、表记、语法、逻辑修辞都有其特殊性。所以，使用的讲义材料或教材是否具备必然性就成了问题的关键。根据皮亚杰发生认识论的有关理论，人们在习得知识的过程中，心理发生与知识的科学规律之间存在着平行重演关系，所以教学过程中所使用的教材一定要注意到这一点。解决这种问题的最好办法是编选结构教材。也可以采取图文并茂立体直观的多媒体教学方式弥补平面教学的不足之处。

第四，要明确区分文化事项与语言事项。基础日语教学，属于语言技能教育，其目的是培养学生的基础语言能力。因此，教师的首要任务是按照精读课的既定目标，选用最为普遍的、易于理解的、也是最为必要的词汇、句式表达进行教学。为了培养学生的学习兴趣，满足他们对相关知识的好奇心，教师也可顺带地介绍一些文化知识，但是不宜本末倒置，影响教学进程和教学质量。如果了解某些文化事项有助于语言学习，教师可以在课堂上展示一些图片、画册或文字资料，也可开出书目让学生课下自己阅读，或印制讲义分发给学生参考。

第五，充分利用多元教学法。要从习得和学习两方面开发教学方法，只要有利于教学，皆可用之。除了前面已经述及的，还有如下一些补充方法。

（1）直接法。不使用媒介语，只使用目标语言进行教学。属于这个范畴的教学法有：古安（Gouin）的心理学方法、柏尔利兹（Berlitz）的自然法、帕玛（Palmer）的口语法等。

（2）译读法。通过将外语翻译成学习者母语的手段进行教学的方法。学习对象侧重于"书面语"、阅读、语法、语用教学及演绎方式进行，通过翻译方法教给学生理解语言意味及与母语进行比较的技巧。属于这个范畴的有实践法、精通法等。

（3）折中法。是处于直接法与使用媒介语之间的教学方法。教材中有用媒介语翻译的译语、语法、用法说明，但教师授课时只用目标语言；教材中不使用媒介语，但授课时教师使用媒介语翻译教材内容、解说语法、用法规则。

（4）认知法。这是属于认知符号学习理论系统的一种教学法，其理论依据是生成语法理论、认知心理学。其基本理念是"学习即认知"。

（5）听解法。这派学者认为在言语"习得"过程中"理解"起着基本作用。为此，相对发音能力要优先考虑听解能力的培养，针对发音能力的口头练习，要延迟到听解能力提高之后。属于这个范畴的教学法有：波斯特夫斯基（Postovsky）的理解法、亚瑟（Asher）的全身反应法、威尼兹（Winitz）的强化有效习惯法及克拉辛（Krashen）的自然法等。

除此之外，可供低年级日语教学参考的教学法还有精神力学法、文法译读法、音标法、阅读法、阶段性直接法、军队法、音声优先法、CLL（Community Language Learning）法等。

综上所述，可以初步得出一个结论：教案制作是非常严谨、周密、科学且开放的系统工程。而教学方法的运用更需要教师具备语言学、心理学、运筹学、逻辑学、社会文化学等相关学科的知识和实际组织运作能力，还要有敬业和奉献精神。

第七节　网络英语视听教学述评

一、学生自主的提出

计算机辅助教学是自计算机技术进入应用领域以来的一个大发展。经历了单机操作、带终端的小型机系统、以单计算机为中心的联机系统。目前，网络应用模式已发展为以服务器为中心的计算模式与更高层次的客户机／服务器应用模式。计算机辅助教学的空间领域在不断扩大。

"学生自主"是近年来外语界研究的新点，也是今后外语教学的新趋势。至20世纪80年代初正式提出以来，国内外语言界对此概念给予了高度重视，学者著书立说进行探讨，身处教学第一线的教师也身体力行，将其运用到实践中。不少国家和地区还建立自主学习中心，给学生提供良好的自主学习环境。笔者所在学校的视听实验室正是基于学生自主的概念，将计算机辅助教学的模式与语言学习有机地结合在一起，开展了多种语种、专业的辅助教学的尝试，充分运用计算机多媒体技术、网络技术构建自主学习环境。

二、在外语教学中实现学习者自主性的必要性

从我国的教育状况来看，就城市而言，外语教学多从小学五年级开始，经历了中学、大学，一个学生学习外语长达10年。但是，仍会是讲不出、听不清、写不明。究其原因，是传统外语教学模式重"教"，不重"学"，片面强调教师单方面的输入，强调教学唯一性和标准性，按照一个标准模式去套不同类别的人，忽略了每个独立个体之间的差异。教学中寄希望在统一时间、统一内容的学习条件下达到统一的标准，令教学方法陷入僵化，人的潜能不能发挥。因此，从每个人接受能力

的差异出发而采取个别化学习，即学习者自主，以实现教学大纲达到的目标为准则，充分发挥学生的潜能是很有必要的，也是外语教学改革所追求的目标。

当今世界知识的传播速度和更新频率加快，学生有必要掌握独立于教师课堂之外的自主学习能力。同时，现代教育的根本目标是培养理性参与各种社会公共事务的合格公民，公民只有掌握了独立思考、计划、评价学习的学习自主能力之后，才能把这种意识和能力扩展到生活中的其他领域，从而积极主动地参与社会生活。与这种现实情况相对应的是"学生自主"，充分考虑到学习者个人的知识、情感等因素，允许学生自行决定学习内容，鼓励学生自由采取学习方法。

三、转变教学观念，重新定位"教"与"学"的关系

中国传统教育是一种师道尊严模式。几千年封建科举制度的教育思想，虽说也能选拔人才，但其又更多的是压抑了人的个性。今天，提出改变教学观念，就是要改变目前教学上的被动学习为主动学习，由死记硬背变为灵活运用，学会利用工具和手段解决问题的能力，从墨守成规到开拓创新的转变。最根本的一条就是实行教学观念的转变，使学习成为一种激发潜能的动力。

1. 转变教师观念，认识到教学的主体是学生而不是教师

培养学习者自主性，意味着学习的决定权由教师转向学生。因而，以学生为主体的教学的每一个环节，如情景创作、协作学习、会话交流，若要取得理想的学习效果都离不开教师的认真组织和精心指导，这样才能使学生学有所获。采用各种手段构建学习环境，以提高学习者的学习主动性。

以学生为中心并不意味着教师责任的减轻和教师作用的降低，反倒是要使教师需掌握更加丰富的知识，拥有更广阔的视野空间，才能使教学设计得更适合学生学习的要求与对知识的渴望。

2. 承认学生个体差异，是确立教学目标与效果的一个重要方面

转变教师的观念和角色，根本问题在于让教师尊重学生的个体差异，在教学中真正做到以学生为中心。在这个过程中，帮助培养学生

主动学习动机，建立与个体相适应的认知风格，建立与一个新知识相匹配的心理构架，具有非常重要的意义。只有充分了解学习个体的差异，才能有的放矢，采用不同的诱导方法与手段，分取不同的时间段控制学习进度，逐日引导学生达到掌握某一知识点的目标。

3.计算机辅助教学，是实现学习者自主的外界条件

计算机技术日新月异的发展，尤其是多媒体技术、网络技术给外语教学带来了新的契机。多媒体和计算机网络以其形象化、立体化的表达形式，其丰富的语言环境，构建了无限开放的教学空间，优化了外语教学资源的环境，提高了个人学习效率和教学效果。

新的教学模式正以现代化技术为支撑，特别是计算机网络技术。使语言学习朝着不受时间、空间限制的个性化学习方向发展。

四、网络环境下的学习评价

网络环境下的教学崇尚学生主体的自主学习，在网络教学中学生不是被动的，而是主动的探索式、协作式的学习。在课件的制作上要注重知识内容的组织、课程的设计、学习资源的提供。同时，还要注意到对学生施加必要的学习监控、评价。

教学评价是根据教育目标的要求，按照一定的规划对学习效果做出描述和确定，是教学各个环节中必不可少的一环。其目的是检查和促进教学。实践证明，在网络环境下的评价是网络教学质量管理的核心。

作为外语教学的网络课件，笔者所在学校的教师曾在多种教学课程方面做过尝试，涉及语言学习的多个方面，如新闻听力、语音语调、写作、东西方文化比较等。充分利用了计算机的多媒体功能，利用局域网运行的安全性，实现了资源的控制、教学的组织、学习者的自我管理、知识建构的诊断校正、学习者意见的反馈及教学监控与管理。尤其在二年级学生进行听力训练的新闻视听课程中，采用时效性好、内容丰富、具有趣味性的 BBC、VOA、ABC News 新闻节目等视频资料片段用于听力教学，取得了较好的教学效果。笔者分别对学习不同课件的学生做了相关的问卷调查。同时也通过收集平时训练的成绩与期末

考试的成绩做了统计分析，将现代教盲科学研究方法运用到教学测评。

学校基础英语学院（现英语教育学院）担负着全校非英语专业的学生英语听力课程的教学任务，2005年初就《网络英语视听》这门课程笔者在两个班进行了问卷调查，收回76份调查表。对部分栏目反馈如下：赞成本课程教学模式的占96.1%；认为课堂教学需要更多加强听力训练的占55.3%；认为能从课件的新闻材料里学到新知识及批判思维的占100%；能全面理解和抓住课件细节的占72.4%。

从以上反馈信息来看，该课程普遍受到学生欢迎。尤其采用自主学习方式，除安排上课时间学习外，还考虑到不同专业学生学习能力（元认知能力）的差异，学生可在非上课时间到视听实验室自我学习，反复操练。广泛将政治、经济、科技、自然现象融入学习内容中，提升学生知识面，同时也激发学生的学习兴趣。

笔者又对商务英语学院2个英语专业二年级班级58位学生应用统计分析的方法做了问卷调查及学习测评。收回问卷52份，同时将学生平时训练成绩与学期末考试成绩做了相关性分析。为了进一步客观地评价，笔者针对调查所得的不同数据类型和分析目的相应地采用了方差的差异检验、相关分析和次数统计。现用手工计算与查表方法来说明以下统计的目的与计算过程。

1. 方差的差异检验（X2检验）

样本对商务英语学院2个班在收回的52份问卷调查中，学生对是否赞成网络教学模式的自主听力课程学习方式的态度调查结果来分析差异程度见表2-4。

表2-4　对自主听力学习方式的态度差异

班级	赞同	不赞同/无所谓
GM031	23	2
SY035	23	4
总计	46	6

分析：此项两项分类。假设两项分类的实计数相等或无差别，其各项实计数的概率应相同，即 $P=q=0.5$。因此，所检验的问题：对网络教学中的自主听力学习方法的意见是否有显著差异。实际上是指每种态度（意见）的实计数与理论次数差异是否显著的问题。因各项的理论次数相同，故可理解为对自主听力学习方式的态度是否一样。

故理论次数　$f_e = 52 \times 0.5 = 26$ 人

$$H_0 : f_0 = f_e = 26$$

$$H_1 = f_0 \neq f_e$$

计算：

$$X^2 = \sum \frac{(f_0 - f_e)^2}{f_e} = \frac{(46-26)^2}{26} + \frac{(6-26)}{26} + \frac{2 \times (\pm 20)^2}{26} = 30.77$$

查表：

$$df = 1 X^2_{0.05} = 3.84 X^2_{0.01} = 6.63$$

故

$$X^2 > X^2_{0.01} , P < 0.05$$

其中：f_e—理论次数；f_0—实计数

计算说明学生对采用网络教学中的自主听力的学习方法态度有显著差异。

2. 相关分析

为了能有效地分析学期末考试的成绩与平时作业成绩是否具有一致性，下面取国际贸易1班的10位同学的数据资料做一个等级相关表。见表2-5：

表 2-5　等级相关计算

学生代号	平时成绩　考试成绩 X　Y	等级 Rx RY	D = D2 RX − RY	RX RY
1	92.1　78	6　2	4　16	12
2	95.4　76	1　4	− 3　9	4
3	94.6　75	2　5	− 3　9	10
4	94.2　78	3　1	2　4	3

学生代号	平时成绩 考试成绩 X Y	等级 Rx RY	D = D2 RX - RY	RX RY
5	93.1 77	4 3	1 1	12
6	86.6 71	8 9	1 1	72
7	80.3 73	10 7	3 9	70
8	85.2 70	9 10	− 1 1	90
9	90.6 75	7 6	1 1	42
10	90.6 72	5 8	− 3 9	40
N = 10	—	∑ RX = 55 ∑ RY = 55	∑ D2 = 60	∑ RX RY = 355

根据斯皮尔曼等级相关公式，计算如下：

$$r_R = 1\,\frac{6\sum D^2}{N\,(N^2 - 1)} = 1 - \frac{6 \times 60}{10 \times (10^2 - 1)} = 1 - \frac{360}{990} = 0.64$$

其中：

R_X、R_Y 为一、二变量各等级数；

N—等级数目；

D—各对偶等级之差。

rR 绝对值介于 − 1.00 ～ 1.00。当值为 1.00 或 − 1.00 相关密切，在值为 0.64 相关较为密切。可见，考试题出题难度与平时训练成绩接近。

3. 次数（频数）统计

大量的统计用次数统计的方法。由于其易于列出次数分布表或画出次数分布图，观察较直观，是否符合正态分布情况可一目了然。下面为国际贸易 1 班 30 学生一学期听力自主学习网络课程的平时训练的计算机统计成绩，做一份次数分布登记表。

由统计出的成绩中找出最大值与最小值，分别为 97 和 69.1. 求全距是 97—69=28；确定数组为 K=10 ～ 20 组，选 10 组；组距为 I=3。

30 位学生成绩分布在各不同位置上，现将其进行分组统计。次数统计表见表 2-6：

表 2-6　国际贸易 1 班平时训练成绩次数分布登记表

分组区间	登记次数	次数
96	+	1
93	+ + + +	4
90	+ + + + + + + + + +	10
87	+ + + + +	5
84	+ + +	3
81		0
78	+ +	2
75		0
72	+ + + +	4
69	+	1
—	—	$\sum f = 30$

　　编制次数分布表是对数据进行整理，将一堆杂乱无序的数据排列成序。这张表可以告知大小数据的次数（频率）是多少，其分布的状况如何。以便教育者对教学工作进行分析及总结，以便对今后教学进行改进。

　　如要进一步清楚表示就要计算出平均值。如分组 96 区间，组中值取 97，会与原数据计算的值有出入。不过，从另外的角度讲，将不规则的数据按一定的规律加以调整，对以后进一步统计分析反倒有利而无害。

　　总之，计算机的网络化推动了外语教学的改革，局限于局域网的教学管理还是易于实现，一旦扩展到广域网教学管理则会有一定难度。因为目前还未能有效地探索出网络化学习的评价方法，毕竟计算机网络使得学习者与教师存在一定的时间、空间距离。在学习过程的评价时由于目前尚缺乏一定的技术支持，还无法使计算机对学生进行客观评价，加之有些涉及情感、态度、体验的内容，也无法由机器代替教师进行评价。因此，笔者认为网络教学成功与否在于教学设计的好坏。使教师真正成为课堂教学的组织者、指导者、学生建构意义的帮助者、促进者，学生自觉成为信息加工的主体和知识的主动构建者。实现教学设计与评价、监控融为一体。

第八节　信息反馈在田径训练中的合理运用

在田径训练中，教练员通过各种渠道从运动员身上获取有关训练信息，然后通过信息加工处理再回输给运动员，以帮助指导其训练，强化训练效果，这种信息的获取、加工、回输的过程称为运动训练的信息反馈。目前许多研究表明：运动员在练一项新技术或进行新的训练内容时，利用运动信息反馈可大大地加快运动员理解技术、掌握技术的速度，能够激发练习者的兴趣，强化训练效果。一些研究还表明：运动员对教练员的评价与教练员对运动员运动技术水平的反馈量呈正相关。这些都说明运动员期望得到教练员对其训练过程的反馈信息。信息反馈的好坏直接或间接地影响了运动员训练成绩的高低，为此，能否合理运用信息反馈成了田径队非常关心的话题，利用最少的时间训练出最好的成绩，成了每位教练员梦寐以求的期望，在此，对信息反馈合理运用的研究有其一定的实用价值。

一、信息的选择

田径运动训练信息反馈的内容主要包括实体性信息和动机性信息两大类。实体性信息是指教练员对运动员在训练过程中反映出来的具体行为的指导信息；动机性信息是指教练员对运动员在田径运动技术训练中表现出来的思想动机的评定。

实体性信息的内容主要包括：①有关运动员完成训练任务的情况（训练量、训练强度、训练中出现的失误等）；②有关运动员技术动作的正确表象；③有关快速训练的各种数据（运动员负荷在机能系统引起的各种变化的幅度及性质等）；④有关累积训练的情况（持续训练所引起的适应性变化幅度和性质等）。动机性信息的内容主要包括：①有关运动员从事田径运动的行为目的；②有关运动员对田径运动的兴趣和态度；③有关运动员在训练过程中的情绪变化。

田径训练中，加强动机性信息反馈会很快推动正面教育引导的作用。如果只加强实体性信息（如完成的运动量、强度及动作正误等）而不强调动机性信息反馈，就不能保证反馈信息充分发挥作用，甚至会影响教练员与运动员之间的心理情感沟通，从而对训练效果产生影响。

教练员在田径运动训练过程中获取信息的主要途径如下。

1. 课堂观察

在田径训练课上对运动员完成训练的情况，随运动训练负荷的能力、田径运动技术的准确性、从事田径运动心理状况等进行实地观察，及时获取运动员的有关信息。

2. 检查训练日记

教练员通过检查自己和运动员训练日记、回顾训练情况，从中获取运动员对技术的掌握，完成运动量情况及对田径运动的认识等有关信息。

3. 交谈

教练员通过与运动员谈话，了解运动员对训练安排的想法、训练中的自我感觉、训练动机、兴趣等有关信息。

4. 测试

教练员运用仪器设备获取运动员训练过程中生物学、心理学、训练学等有关指标变化的准确信息，了解其运动技术是否具有经济性、实效性，运动量是否适宜有效，心理活动水平是否处于良好状态等。

5. 医学监督

通过医学监督的各种指标和行为了解运动员的恢复、超量恢复、疲劳、过度疲劳等信息。

教练员应对以上途径获取的信息及时处理、加工，进行正确诊断，对其中不符合运动员实际情况的部分，对妨碍运动员顺利达到目标的因素及时加以修正和调节，并反馈给运动员。也就是将运动员的实现状态与理想目标进行比较，发现差距，从而准确地获取有用的反馈信息。

二、信息的反馈

信息的选择完成之后，便是怎样把信息合理有效地反馈给运动员，这一步做得好与坏直接影响运动员的练习情绪，从而导致运动成绩的好坏。这里分为三个部分来阐述，即根据个性特征、选择反馈的方式和寻找合适时机。

1. 根据个性特征

运动员的个性心理特征主要通过兴趣、能力、性格和气质等方面表现出来，进行信息反馈必然与心理训练有关，在这里和心理训练有密切关系的是气质，即通常所说的神经类型。对运动员来说，气质不能简单地用"好"与"坏"来定性，在不同的气质类型中，均有优秀运动员出现，关键在于要根据不同类型采用不同的反馈方法。值得注意的是，每个运动员的气质不可能纯属于某一种类型，只不过是侧重某个方面，这就要求教练员要认真测试和全面观察。下面，列举四种类型分别叙述。

（1）兴奋型

按神经分类属于强型，神经过程的特点是不平衡，但是灵活。表现特征：说话随便、办事急躁。训练中，多表现为动作粗糙、不求细节、急于求成、不愿意反复和重复动作。情绪大起大落，对动作接受能力较快，尤其对新技术、新内容、新手段等颇感兴趣。这种类型的运动员在进行信息反馈时，应该多注重正反馈的运用，而且应及时反馈，把严格要求融于鼓励之中，如训练时应用"好！""不错！""如果再做几次，你的动作会更好的！"等语言进行激励就会收到良好的效果。

如果用命令性语言或生硬的语气则会产生不良影响。

（2）活泼型

属于神经类型中的强烈，神经过程特点是不平衡，但是灵活。表现特征：多表现为散漫、好动、好说。在训练中，接受动作快、模仿能力强，对技术细节不重视，容易满足，喜欢尝试一些较容易的新动作。对这类运动员的反馈多给一些阶段性的反馈，尤其是阶段性的测试成绩比较，自己先和自己比，自己再和队友比，对其平时训练的要求要严格，经常检查这类运动员的训练日记，定期布置训练总结并检查。

（3）安静型

神经活动类型属强型。神经过程的特点是平衡、不灵活。表现特征：多表现出安静、沉闷、不愿意表露自己。训练中，能比较稳定地遵循教练的意图，默默地完成训练任务。对单调、重复性的练习方法、内容等常常表现出较强的承受和忍耐能力，但对于新的东西趋于保守。对这类运动员的信息反馈应以正反馈为主，在教练的指导下，给他一些自己选择训练方法和手段的机会，并让他在此基础上多写总结，让他体会到多样化的训练效果好于死板的重复训练，多想一些办法让他自己去想的习惯。把这些信息以总结的形式留给自己、留给队友。

（4）抑制型

神经活动类型属弱型。神经活动过程的特点是不平衡、不灵活，表现特征：孤僻、冷漠、少言寡语、行动缓慢。训练时，常出现怕羞、胆怯、不愿意表露自己的想法和愿望等。一般情况下不愿意教练在其他人面前进行表扬，但是更可怕批评。对这类运动员的反馈应特别谨慎，多让他做一些自我反馈，对于其的错误动作不要当着许多人的面指出，要悄悄地告诉他，让他感觉到教练员非常尊重他，使他更有信心去训练。

2. 选择反馈的方式

信息反馈的方式有两种：正反馈和负反馈。田径运动训练的反馈也一样有这两种。正反馈是指教练员对获取的信息进行肯定后再回输

给运动员以强化其行为；负反馈则是指教练员对获取的信息进行否定后再回输给运动员以弱化其行为。两种反馈的目的都在于更加有效地对训练过程实施控制，从而实现训练目标。这就给教练员提出了更高的要求，教练员对获取的信息是肯定还是否定，即如何对获取的信息进行正确的评价，很大程度上在于教练员的实践水平和理论水平的高低，这就要求教练员应该不断地充实自我，更新自我，对与训练相关的科学理论知识的丰富就显得非常重要了。

两种反馈方式在训练中都经常出现，有时还交替使用。例如，在训练和比赛中，运动员的兴奋性过高或过低均无益于竞技水平的发挥，兴奋过低则采用正反馈，如"动作有所改进""频率有所提高"等鼓励性信息，以其提高兴奋性；反之则采用负反馈以降低其兴奋性。但要注意正、负反馈使用时应适时运用，恰到好处，以防矫枉过正。

3.寻找合适时机

田径运动训练信息的反馈需要掌握好时机，反馈的信息量应适当，因为只有反馈的信息量和时机适当才能取得最好的效果。

对于一次训练课有三个信息反馈时机。第一个时机是在运动员练习时间内教练员传递同步信息，将其正在进行的活动状况反馈给运动员。这种反馈只有在练习时间超过 0.5 秒时才能发挥作用。对短于 0.5 秒的练习不能使用同步信息，否则运动员无法调节自己的动作。第二个时机是在运动员完成某一练习后 25 秒内教练员将练习的情况反馈给运动员，这一反馈称为"快速信息反馈"。因为完成练习后的 25 秒内，运动员对练习的记忆可保持 70 % ～ 80%，超过 25 秒的记忆率便迅速下降。第三个时机是训练课结束后，教练员对课中所获得信息进行加工处理，并与预定目标和计划要求进行对比分析，把分析结果传递给运动员，此为滞后信息反馈。以上三种反馈时机的反馈信息量差别较大，同步信息反馈是局部的、表面的信息，信息量最小；滞后信息反馈是整体的、综合的信息，信息量最大；快速信息反馈居中。

对于参加重大比赛而安排的大周期来说，存在四个信息反馈时机。

第一个时机在准备期，教练员根据对运动员的全面了解与专门测试的结果，为提高运动员的机能素质和改进动作进行经常的、长期的反馈指导；第二个时机在比赛前期，教练员根据运动员的焦虑程度及兴奋程度进行短期反馈调整，使其对自己的竞技能力充满信心，并能正确估计自己和对手的实力；第三个时机是在临赛前进行的及时信息反馈，使运动员了解自己的状态，此时反馈主要采用正负反馈方式以鼓舞士气；第四个时机是在比赛后，根据准备期的训练情况、比赛情况等综合信息反馈给运动员，以希望在下一个赛期取得较好成绩。

以上信息反馈的时机不是一成不变的，在训练当中必须根据实际情况，因人而异，总的规律性的东西只是一个框框，而具体到实际操作应有所变化。

认真做好信息的选择，尤其是动机性的信息非常重要，信息反馈本身就是一个从心理学角度促进田径训练的，所以这方面的信息获取至关重要。

准确、适时、灵活地反馈信息，在信息获取的目的就是信息反馈给运动员，这就要求根据不同的个性特征，选择合适的反馈方式，在最恰当的时机反馈给运动员，以利于达到更好的控制效果，从而加强训练的科学性。

第九节 同辈教学法及其在法律基础课中的应用

一、同辈教学法的基本内容

（一）同辈教学法的实质

同辈教学法是根据同辈心理学而设定的教学方法。同辈心理是指同一年龄阶段或同一社会地位人群的成员所共同具有的心理特征。在这里，同辈是指同年龄者或年龄相当者，他们通常享有共同的价值观念、经验、生活方式，具有年龄、性别相同或者所关注的问题相同等特点。在这一群体中，同一或相似相近的心理使群体间的人际之间互相容纳，并对群体的行为认同。将这一原理运用到教学中而采用的教学方法就是同辈教学法。同辈教学法要求同辈教学群体间的成员将某一领域的信息、知识或理论告之群体的其他成员。由于同一群体的习得性，告之的结果容易引起共鸣，并被接受，从而达到预期的教学目的。所以，所谓同辈教学法是指在教学活动中，教师依据教育学原理，在教育规律的引导下，运用教育心理学理论中的同辈心理原理，充分利用学生的同辈心理的特点，使学生作为教学主体，在教师主体作用的帮助引导下，以教师设定的教学大纲为指导，以小组为单位，制定学生教学授课提纲，组员分工准备教学资料，设计教学过程，制作教学用具或多媒体课件并写出完整教案，以学生自主授课的方式完成教学任务，并达到预期的教学目的的教学方法。

（二）同辈教学法的特征

同辈教学法与传统的讲授法不同，具有自身的特征。

教学主体的自愿性。同辈教学法要求参与实施的同辈教学群体成员是自愿参加的。

教学内容的针对性。同辈教学法的当事人是自愿参加的。因而实施的教学内容是针对当事人而选择或设立的。

教学时间的确定性。同辈教学法的教学时间是依据教学进度表事先设计安排，以使教学内容衔接、紧凑，保证教学的顺利进行。

教学方法的可操作性。同辈教学法是一种可以进行具体操作的教学方法。依据教学要求分阶段有步骤地进行。

教学效果的可实现性。同辈教学法的本质决定了该种方法可以使教学活动中教师主导作用与学生的主体作用得到"淋漓尽致"的表现，使得教育活动过程中"教"与"学"的双向沟通的实现成为可能。

（三）同辈教学法要注意的几个问题

一般来说，运用同辈教学法，针对大学生群体的心理特点组织教学活动，要着重注意以下几个问题。

教师要很好地消化教学大纲精神。将大纲内容精练成为适合学生使用的授课提纲。如果能够连同一些参考书或参考资料也布置给学生最好。

教师必须吃透教学内容。准确地掌握重点和难点，确诊学生所关注的热点问题、焦点问题，不回避矛盾。

教师充分发挥教学民主，力求教学相长。教师必须向学生提问；同时鼓励学生向教师诘难、质疑，努力营造师生互相切磋学问的氛围。

教师要充分发挥教学主导作用，认真倾听，控制、引导和启发、组织讨论。这就要求教师不仅要做好课前设计和周密安排，还要有恰当控制和调节气氛的能力。同时，与学生保持适当的沟通和联系，及时调整学生的授课提纲，解答学生在备课过程中存在的各种问题。尽可能减少教学失误。

总之，同辈教学法如果运用得好，是可以使学生由被动学习转为主动学习，由"要学生学"变为"学生要学"，从而达到变教师"外部灌输"为学生的"内在需要"这样的教育目的。

二、同辈教学法的课堂教学实践

（一）同辈教学法在法律基础课中的应用

法律基础课是为普通高校非法律专业学生开设的公共必修课，因而它具有系统性、理论性、可操作性、实践性强的特点，与时代的发展密切相关。这就决定了这门课程教学的可操作性。从 1997 年起，笔者在法律基础课教学中，采用了同辈教学法进行教学改革的探索，并取得了一定的效果。现将同辈教学法的应用、操作步骤介绍如下。

1.同辈教学法的具体操作

第一个阶段：准备阶段。本阶段围绕教学大纲,制定教学重点、难点、疑点，为整个教学过程准备条件。在这一阶段，主要应做好以下两个

步骤的准备工作。

第一个步骤：根据教师设定的教学大纲，查询资料，拟订授课提纲。

将全班同学分成每组5～6人。根据教师布置的提纲去查资料，拟订授课提纲。在案例教学部分，授课提纲最重要的是相关知识、背景材料的链接及问题的设定。在问题设定的准备上，教师必须在案例的选择上下功夫，要科学地设定问题。教师在指导学生选择案例，设定问题时应注意如下几点。

（1）采用的案例应经过精心的选择

案例选取要既经典又具有代表性、生动性和适度超前性。所谓代表性，是指案件内涵丰富，案件背景时代性很强，与法律规则有较多的连接点。它能够较深入地揭示法律所调整的社会关系的特性，以及法律的基本制度与基本原理。所谓生动性，是指在满足其他条件的情况下，案情情节具有趣味性，可以活跃课堂气氛，集中学生的注意力。所谓适度超前性是指任何案例都不可能涵盖变化多样的社会生活的全部，法律漏洞在所难免。所以，适当引用一些在现行法律上难以找到现成答案的案例，会有利于激发学生学习的积极性，增强其分析问题和解决问题的能力。

（2）设定的问题不宜太多、太深或太浅

一般应设定1～2个题目。设定的问题太多，容易造成案例的中心不突出；设定的问题太深，理论性过于抽象，学生通常难以理清思路，难于收集到足够的材料，学生就会对这种教学方式失去兴趣、耐心，甚至产生厌烦情绪；设定的问题太浅，答案一目了然，学生会因缺乏思考和想象空间的吸引力，失去主动性、积极性，甚至会认为教师教学不负责，业务水平不高，敷衍应付教学。

（3）设定的问题要紧扣教学的重点、难点、疑点内容

这样有利于引导培养学生学习思考能力，从而使整个教学过程的进行得到有效控制。

（4）设定的问题应是理论难点、社会焦点和学生困惑点

案例经典、问题典型，具有理论难度又与实际相连，才能唤起学

生的挑战意识，促使他们积极思考，关注讨论，努力寻找问题的答案；问题具有鲜明的时代感，紧扣当前的社会热点，才能吸引学生，引起他们的重视；学生的困惑点是指学生在学习、生活和发展方面感到困惑或迫切需要解决的问题。以大学生这些问题来选择案例作为教学的内容，往往能激发学生学习的自觉性、主动性与钻研性。

第二个步骤：在教师审阅授课提纲的基础上写出教案并进行小组试讲，由组员共同讲评、修改、补充。

本步骤主要是教学内容准备。指教师和学生围绕所要教学的内容而做的准备工作。

首先，是教师要做好的准备工作。在钻研教材、吃透教学内容的基础上，广泛涉猎与所授教学有关的知识、理论、观点及最新的理论动向，并将相关信息传达给学生，这样教师才能驾驭课堂，把教学讨论引向深入。同时，教师在进行内容准备时，要对学生授课中可能出现的不正确观点有所预见，事先做好回答与引导的充分准备。如果事先准备不足，对学生提出的问题不能解答，或者不能做出有说服力的解释，就会影响讨论气氛，甚至会出现冷场和讨论中断的情况，使教学目的难以实现。

其次，是学生要做好的准备工作，包括围绕所讲授内容的资料查阅，编写教案或讨论稿。同辈教学法把学生从被动的信息接受者变成主动的信息发送者——教学的主体，因而学生的准备是否充分，对教学的内容和讨论的问题是否熟悉，在很大程度上决定着同辈教学课的成败。

这一阶段，师生在互相备课的基础上，双方建立了互动关系，沟通了情感，为教学开展打下了良好基础。

第二阶段：实施阶段。也就是展开教学、讨论阶段。本阶段围绕教学内容由学生主讲、授课，主持教学。

第一个步骤：按照教学计划安排，进行正式授课，由教师、小组负责人组成评估小组进行教学评估。

（1）教学动员

授课正式开始前，教师介绍本次课堂教学内容的安排，强调教学

纪律，以及教学时效性在同辈教学课中的重要性，包括这种教学方式对培养学生综合能力的重要性。鼓励学生积极踊跃发言，参与教学活动（也可以在布置教学大纲时就完成这一工作）。

（2）教学控制

课堂教学内容是纯粹的案例讨论，一般以自由讨论、自由发言为主。课堂教学内容是专题理论、知识的系统授课，则由小组代表主讲，其他组员配合。教学过程中的教学主讲、教学方式、教学板书、教学课件、教学角色扮演与游戏等的教学安排全由学生设计（教师在课前会听取小组汇报并给出建设性意见供学生参考）。

（3）教学互动

师生认真倾听和评讲发言。教师对发言中出现的精彩语言、精辟的论述和思想火花进行分析、归纳、概括，给予及时的赞扬和肯定。这可以使学生获得自我价值被认同的自豪感，激励其他同学积极踊跃发言。对学生的认识盲点及时组成新问题提出来，形成新的思考热点，可以把讨论进一步引向深入。

第二个步骤：教学过程中接受其他小组甚至教师的提问、反诘，也称为中心发言质疑答辩阶段。

在专题教学中，学生会针对教学中的疑惑或错误提出自己的观点或质疑。教师要及时维护课堂秩序，由主讲者的小组或其他组的成员来共同解答。如果教学过程中出现了知识性错误，而学生都没发现，这时，教师就要运用技巧至少使学生发现问题或指出错误所在。

第三阶段：评估阶段。本阶段围绕教学过程进行教学评估。在同辈教学课或讨论课内容结束后，通常留有足够的时间对教学情况进行总体分析、评价。这是同辈教学法的最后阶段，通常分为两步走。

第一个步骤：教学结束后由教师当堂公布各小组评议结果并对教学过程做讲评并评出小组教学成绩。首先，教师对各典型发言进行比较；其次，指出存在的明显不足。第一，如果是案例教学或案例讨论，由教师结合教学目的、教学内容和讨论情况，讲授基本概念、基本理论、基本方法，尤其是重点要求学生掌握的内容，要详尽分析。在分析的过程中，注意吸收学生的新观点、新思想，并把这些新观点、新

思想加以拓展和深化，以丰富教学内容。对于学生主讲者已经讲清楚的内容或讨论发言中已弄清的问题教师不需重复，只需突出重点。第二，如果是系统性的专题讲课，对授课中存在争议或歧义的问题，对学生提出的问题，教师一定要讲明，要给以明确的答复，以澄清思想认识。问题一般包括两类。一是学生由于自身知识、理论水平的限制，虽然提出了新的观点，但却不能对此加以分析和阐述，这就需要教师做进一步的解释和说明。二是模糊观点，甚至是错误观点。对此类问题，教师要旗帜鲜明地表明自己的观点，指出错误的原因；同时，教师还可以为学生提供相关的资料，帮助学生解决学习问题。最后，归纳出主要的观点，尤其是与教学内容、教学目的密切相连的观点，使学生对讨论的问题有一个全面、正确的认识、理解和掌握，以实现教学目的。

第二个步骤：课后由全班同学每人交一篇关于同辈教学法教学的总结，内容包括本小组和全班教学的评议。教师批改后作为学生参加此次活动的个人成绩。

2. 同辈教学法适用的教学内容

（1）关于教学内容引发的法律与人生的思考。

如"宪法的理论——公民的权利与义务"这一部分内容，在前一课程结束时给学生留下思考题及案例。

（2）专题内容的授课

如民法作为调整平等主体之间财产关系和人身关系的法律，具有更强的实务性，应当强调同辈教学法。而在法学基础理论部分、刑法关于刑罚部分等内容的教学过程中，采用授课式教学法，可能更有利于使学生全面、系统地掌握法的基本概念、原则、理论和制度。

所以，从1997年笔者在本科的公共法律基础课教学中对部分教学内容进行了同辈教学法的有益尝试；到1999年的民法教学中推广同辈教学法的案例专题讨论；到2003年在民法、刑法教学时尝试系统性的同辈教学。至此，同辈教学法在法律基础课的尝试、摸索，已基本形成一种可行的、可操作的行之有效的现代教学方法之一。

（二）同辈教学法课堂教学的实践效果

第一，发挥了素质教育实施过程中学生的主体作用。普遍提高学生的参与意识和竞争意识。

第二，培养了学生自愿、自主、团结协作的精神。

第三，扩大了学生的知识面，增长了才干，开阔了视野，启迪了思路，提高了鉴别和欣赏能力。

第四，学生有更多的机会了解和挖掘自己的潜能，同时发现他人的长处，在相互学习中，知己知彼，学会了比较客观、公正地评价自我与他人。

第五，弥补了传统教学的不足，培养与提高了学生的逻辑思维能力、分析问题的能力、解决问题的能力及表达的能力等综合素质能力。

第六，增强了师生间的感情，加强了"教"与"学"双向活动过程中的沟通和联系。课堂教学取得了互动的教学效果。

第七，是对教师综合素质和能力的考验。同辈教学法要求教师具有消化教学大纲到制订出符合学生的授课提纲，分析学生教案，组织课堂教学与评估，或从控制学生自由答辩，思考讨论题，案例分析到讲评，以及在教学过程中学生出现、存在的认识上的片面、消极的观点甚至是与传统思想相对立的观点的当堂评析等的综合能力和素质的考验。

三、同辈教学法的推广价值

在现代教育中，充分发挥教学活动过程中教师的主导作用与学生的主体作用，实施真正意义的素质教育，是改变目前传统教学方法的途径之一。从 1997 年起在"法律基础课"的教学实践中试行的同辈教学法不失为一种好的教学方法。它可以实现教学活动过程中教师主导作用与学生主体作用的双向沟通，培养学生的自学能力，使教师与学生在角色的互换中互相启发、互相教育，最终达到"教学相长"的格局；它帮助青年大学生树立社会主义法律意识和公民意识，增强法制观念和社会责任感，依法维护国家利益、集体利益和自身的合法权益，抵制违法犯罪行为，做"四有"新人发挥重要作用。同时，同辈教学法也是激励师生在教学中相互鼓励，共同探索新形势下"两课"教学方式改革的方法之一。因此，同辈教学法是值得推广的现代教学方法之一。

第十节　体育差生厌学行为的教学心理探析

　　大量的调查研究及生活经验表明，凡是学生不管是优生还是差生，都或多或少地存在厌学情绪，只是其表现轻重程度不同罢了。近年来，学生厌学体育的现象已为体育界关注，因为厌学而导致成绩下降或不及格而成为体育差生。体育教学中由于一些厌学体育学生的存在，尽管有主观的或客观的原因，但却影响和削弱了广大体育教师对于提高体育教学质量所做的努力，影响了教学效果。可以说，体育差生在一定程度上与厌学体育有关。体育差生的教学不仅是体育教学中的难点问题，也是摆在广大体育教师面前的值得研究的问题。本节试图从厌学的教学心理进行分析，结合体育教学实验，找出问题所在，提出解决的办法，使这一部分厌学的学生转变为好学、乐学的学生。

一、学生厌学体育的教学心理分析

　　厌学体育指的是学生对于体育学习感到厌倦的心理现象，主要特点是学生常常在消极的心理状态下学习和锻炼，缺乏自信心，因学习中的困难和失败使学生逃避而怕学，久而久之变为厌学。其表现为：学习体育兴趣降低，注意力分散；主观上不重视，学习体育行为懒散，上课不认真听讲，行为迟缓；情绪消极，抱着"混"的心态，纪律松懈，怕苦怕累，体育成绩常常不及格或在及格以下，成为"差生"。

（一）体育学习需要一定的心智努力

　　从某种意义而言，体育活动是人为地设置各种障碍、困难和负荷，并通过克服它们来增强体质的一种特殊方法和手段。通过体育教师正确耐心的引导与帮助，大部分学生通过努力是能够完成体育教学任务的。但这一过程不是轻而易举就能完成的，而是需要很大的心智努力及身体的付出才能达到的。凡是需要心智努力的事情都伴随一定的精神紧张，也就容易产生心理疲倦。体育因其特殊性，不仅需要动手动脑，还需要身体配合，在体力和脑力上都要消耗及付出。如果学生通过持续的努力，紧张的精神仍难以得到调节，久而久之会变成厌学。

（二）学习内容枯燥与教学方法的呆板

目前高校体育教学内容较多地重复中学已学过的内容，虽不一定是简单、机械的重复，但往往不能保证教学质量逐步提高的要求。例如，田径跑跳投比重大于其他项目，体操的单双杠技巧内容几乎是中学教材的翻版，使学生感到体育课总是老一套，缺少新鲜感。

（三）学生学习体育的目的不明确

学校体育对人体具有强身、健体、娱乐、陶冶情趣、消除疲劳、发展人际关系、培养竞争精神的作用。但仍然有部分学生对体育的重要性缺乏应有的认识，自认为年轻身体好，上体育课进行锻炼是浪费时间，也有个别女同学缺乏吃苦耐劳精神，害怕风吹日晒，上课时"出工不出力"，敷衍了事。

（四）学生因某种因素的影响造成压力太大

有的学生由于中学体育基础差，身体素质差，面对同样教材的学习，自感压力甚大，经常会遭受失败的困扰，渐渐产生厌学心理。有的由于身体形态、生理条件（如太瘦、特胖、较矮）的影响和限制，不仅在体育课上常常难以正确地完成技术动作，还会伴随出现一些不协调或笨拙的动作，引起其他学生哄堂大笑，心理压力大，产生自卑心理，惧怕上体育课和操场锻炼。

二、对策及优化教育

（一）施以爱心，启发内驱力

针对厌学的差生中有部分对体育锻炼与促进身体健康及文化课学习的辩证关系认识不清，对学习体育的意义、作用、锻炼价值的必要性和重要性不明确。通过开设《人体形态机能素质的测定与评价》《体育锻炼医务监督能力》《健身运动处方》等讲座，并通过心理咨询、

调查问卷形式向学生宣传。使学生端正认识，明确各项体育运动对人体生长发育的必要性和重要性，促使他们从内心感到需要上体育课。让学生真正认识到学校体育是许多学科所不能比拟的，让学生为每一次参与体育的学习和锻炼而感到兴奋，不必为下一次的参加而感到忧心忡忡。

（二）确定适宜的教学目标

确定适宜的学习和积极锻炼目标，不仅有利于提高教学质量，还能通过带有一定困难任务的学习和练习来帮助学生克服厌学体育的不良心理。根据不同差生学生的实际情况，与其他学生区别对待，实施分层递进教学。课内采用先降低运动项目难度和要求，让这一部分学生在低难度、低要求条件下完成动作，建立信心，获得成功感。在学习的过程中不断提高要求增加课外加强辅导，开出符合个人锻炼的运动处方，并尽力争取组织这部分"差生"进行锻炼，争取课后补差，预习新教材，增加素质练习等。每一次辅导都有明确的目的和任务，练习时间、练习内容、练习数量、练习要求，使他们在有计划地指导下不断地增强体质提高运动技术技能，尽快缩短与其他学生的距离。可采取以身体素质为主，分组进行教学与练习，只要他们通过努力，与自己的成绩相比较有较大的提高与进步，便可以登记及格。一段时间后再定新的目标，最好不要与其他同学同一目标、同一标准。

（三）有计划、有针对性地进行优化教育

1. 制订符合学生实际的教学计划，区别对待

教师在备课时，就要根据学生的生理、心理特点，针对厌学差生多问几个怎么办？从多方面分析其症结所在，是教学方法陈旧，还是个人基础性障碍？是技术性的缺陷，还是身体方面的障碍？有针对性备好课，在教学内容上科学合理；在教学方法上有区别、有侧重，热情辅导；做练习时宽严要掌握恰当，切忌练习难度过高，使学生感到没办法完成，继而消极对待；做到安排同样的身体练习时，对他们提出的要求与其他学生有区别,但不能直截了当。可采取变换练习的方法，改变动作的某些要素（如方向、幅度、力量、速度、速率、节奏）。

126

2. 提高教师教学水平，关心爱护尊重学生

大多数因厌学或学习困难而成"差生"的学生，是由教师的训斥、惩罚、同学的指责或嘲笑及因体育内容固有的困难而造成的。因此，在教学中教师要尊重学生，对犯有错误或缺点的学生，先动之以情，继而做耐心细致的工作。当学生在学习中遇到困难与挫折时，应正面诱导，多加鼓励，耐心地与他们一起分析错误原因，提出改进的办法。切忌对他们讽刺、挖苦甚至辱骂、体罚。使学生感到教师是他们的良师益友。

3. 增强体育娱乐性、趣味性，形成良好的学习气氛

教师要在教学集体中创造一种相互关心鼓励、互帮互学、共同提高的良好风气，使那些"差生"在体育学习过程中感到同学支持、教师信任、活动有趣、集体温暖。从而增加他们战胜挫折和克服困难的信心。针对项目特点，课的准备部分可采用游戏法，结束部分素质练习用比赛法，最好把他们分配到各小组去，通过集体的力量吸引"差生"自觉地、积极地投入学习体育的行列。

4. 有计划、有步骤地提高差生的体育成绩

明确目的任务、练习时间、练习内容、练习数量、练习要求等，根据学生实际情况，实施分层递进教学，与其他学生区别对待。做到有目的、有计划地进行。课内坚持从学生实际出发，实事求是地安排他们的练习，采用先降低运动项目难度、要求，使他们在低难度、低要求条件下完成动作，建立信心，获得成就感。课外加强辅导，开出符合个人锻炼的运动处方，并尽力争取这部分"差生"组织起来进行锻炼，争取课后补差，预习新教材，增加素质练习等。每一次都能使他们在有计划地指导下不断地增强体质和提高运动技能，尽快缩短与其他学生的距离。

5. 考试内容因人而异，发挥一技之长

传统的高校体育课考试一般都遵照广东高校考试评分标准执行。为了使厌学体育的"差生"能充分发挥自己的机能和技能的特点，也就是在某一项上有一技之长的特点，采取每学期选定具有代表性的运动项目，使他们的一技之长在每个学期的考试中得到充分发挥。这不

仅可督促学生锻炼，也比较客观地反映他们的真实水平，笔者所在学校在 2003 年开设的选项课受到了学生的欢迎。另一种方式即运用"个人参照标准"。根据学生个人的基础、运动能力、努力情况、提高幅度进行前后对比，适当地增减分数，即以社会的评价和价值观等为媒介，通过间接的形式来促进个性的发展。不断地提出和学生能力相适应的标准，使学生通过努力来达到。这样使能力差的学生能更快地赶上来，能力强的学生向更高的标准努力。总之，根据学习者的能力把目标定得合适非常重要。这既可避免不必要的失败感，又可以有适度的成功感，使学习的水平和学习的意愿都得到提高。所确立的标准必须尽量具体、明确，并用数量可测定，如秒数刻度等。目标所定的难度在接近成功确切率 5 % 时学习成绩最好。

6. 设立激励奖惩制度

在开学教学几周中，教师认为"差生"的学生中有的可能是先天不足或病后体弱的学生。这一小部分学生有的尽管上课认真，练习刻苦，但确因身体条件的限制使体育成绩的提高幅度不大或停留在原有水平，从而逐渐丧失学习信心，厌学体育教育。教师应鼓励他们加强学习与锻炼，采取定期定时为他们测验的方法，对成绩有提高者，在期末评分给予一定比例的奖励分。由于有了明确的目标激励作用，使"差生"有奔头，将会积极主动地配合教师进行锻炼，从而使身体素质和机能得到提高。

7. 提高教师素质，改进教学方法

教师自身的文化素质、心理素质、教学之本及组织才能都在潜移默化地影响着学生。例如，教师的仪表风度自然大方，着装整洁，上课时精神饱满，讲解言简意赅，手势运用恰到好处，示范动作正确优美。学生将会受到感染，上课积极性提高。每一位教师上课应做到"传道、授业、解惑"。课后自觉检查是否对每一个学生都采取了负责的态度，一视同仁，使学生在良好的教学气氛中既掌握知识技能，锻炼身体，又心情愉悦，个性得到发展，同时也受到教师良好的思想作风熏陶。

第三章

建立学校规章制度

第一节 教学管理制度

一、教学常规管理制度

（1）凡在笔者所在学校任教的教师都应当热爱党的教育事业，安心本职工作，努力使文化程度达到国家的规定标准，业务上能胜任高中教学的需要，自觉遵守学校各项规章制度，遵守国家法律、法令。

（2）教师必须仪表端正稳重，衣着整洁朴素，说话和气，举止文明，有良好的形象。

（3）严格遵守作息时间，按时上下班，不迟到早退，工作时间不擅离职守，保证严肃的工作态度和严明的工作纪律。

（4）教师管理、行政管理以年级为单位，业务管理以教研组为主，要增强组织观念，自觉接受领导，服从分配。

（5）教师工作安排按照国家教学计划和教师工作量规定，从学校实际出发，制定编制标准。

（6）凡大专院校新毕业生拟来笔者所在学校，试讲及考核合格后才接收，要虚心向老教师学习，钻研业务，加强职业道德修养，做到既教书又育人。必须在教学及班级管理考核合格后方能转正。

（7）教师必须注意不断提高业务能力和工作水平，具备讲、写、视、画、演等方面的基本素质，努力提高三笔字（毛笔、钢笔、粉笔）和运用现代教育技术的水平。

（8）教师必须积极参加学校的各项活动，积极地、创造性地完成各项任务，运用正确的方式，通过正确途径向学校提出合理化建议，开展批评与自我批评，学校每学期都要征集教师意见，凡被采纳运用产生效益的则给予奖励。

（9）教师调出本单位必须严格履行手续，借用桌椅、录音机、图书、体育器材等物品如数归还，若有损失或遗失，应按价赔偿。

（10）凡上级有关部门需要借调教师需经校长批准，教师个人不得擅自决定。

（11）凡被学校选聘的教职工，均享受国家、石油管理局、学校规定的工资、各种福利、奖金等待遇，奖金发放按学校规定的奖金发放办法执行。

（12）对教职工每半年进行一次初评，一年进行一次总评。按照上级规定的条件标准，评选各级各类先进个人和集体，各种荣誉称号记入教师业务档案。对于违反国家政策法令和违反学校各项规章制度，犯错误的教职工视其错误性质、程度由校务委员会讨论处理决定。

（13）教职工应响应国家和学校各项号召在计划生育、晚婚、增收节支、安全工作等方面起到表率作用，保证学校各项工作的先进性，保证学校总体目标的实现。

（14）按学校分配在临时性工作岗位上班者和不满规定工作量者，按照工作表现和工作质量给适当奖金或不发奖金，实行多劳多得制度，所得报酬与贡献大小成正比。

二、教科研室工作制度

（1）制订教研室工作、科研、教师培训等工作计划。

（2）组织科研课题的研究工作，定期检查科研项目的落实情况，主持科研成果的资料收集和鉴定验收及成果推广应用工作。

（3）每学期要有计划地组织全校性公开教学活动、教学论文的收集评审和教研教改经验交流工作。

（4）抓好教师队伍建设工作，按计划培训突出教师、骨干教师，每学年末要对教师的专业文化知识及教育理论知识进行考试或考核。

（5）教研室定期检查指导教研组各项工作。

（6）与市、局对口单位加强业务联系，积极参与市、局组织的相关活动及全国性的相关活动。

（7）学期末要及时总结学期教科研工作，上交教科研室各项工作总结。

三、听课制度

（1）主管教学的校领导每人每周至少听课 4 节。

（2）室主任、教务处主任每周至少听课 4 节（兼课者听课 2 节）。

（3）组长、教研组长每周至少听课 2 节，教师每周听课 1 节。

（4）记录要求书写规范，要有评语，有交换意见记录。

（5）组长、教研组长、教导处主任、教学副校长要定期检查听课情况，并做好记录。

四、教学工作制度

（一）基本要求

要认真贯彻执行德、智、体、美、劳全面发展的方针，面向世界、面向现代化、面向未来，为提高全民族的素质，学校工作必须坚持以教学工作为中心的原则，加强教学理论的研究，深化改革，全面提高教学质量。

（二）教学原则

教育与课堂教学相结合的原则。

教育与发展教学相结合的原则。

教法与研究学法相结合的原则。

全体与因材施教相结合的原则。

守则与灵活多样相结合的原则。

（三）制订教学计划

计划前，年级备课组所有教师要做到三个熟悉。

熟悉教学大纲：明确本科教学目的、任务，了解教学内容的安排，

弄清本科教学应遵循的原则。

熟悉教材：通读教材，理解教材的内在联系，明确各章节在整体中所处的地位，明确本学期的教学要求和教学重点、难点。

熟悉学生：主要熟悉学生"双基""能力""学风""方法"四个方面的情况。

教学计划要具备以下内容：

对教材内容、实验的补充、删减或改进意见。

提出落实教学任务要求，提高质量的改进措施和意见。

教学进度，课时安排。

"尖子学生""学困生"的跟踪培养措施。

（四）备课

教师必须认真备课。熟悉大纲、通览教材，写出教材分析，总的目的要求，重点、难点、结构层次、教学指导思想及方法。

一般应包括教学目标、要求、重点、难点、方法、步骤、作业、课后小结等，做到备学生、备教材、备方法，做到个人备课与同科同年组教师集体备课相结合，平时提前备一周的课。

要做好教具、演示、实验等一切准备工作。

（五）课堂教学

认真组织教学。坚持自始至终全过程，调动学生的学习积极性，要特别重视非智力因素的作用，做到既教书又育人。

教学原则。科学性和思想性统一，理论联系实际、直观性、启发性、循序渐进、巩固性、因材施教等。

每一节教有目的，练有中心，学有效果，观点正确，精讲多练，避免满堂灌。

语言要准确、鲜明、生动。板书有计划，书写工整、规范。

（六）作业

练习题目要慎重选择，要符合教学要求和学生实际情况。

要及时批改。教师要及时了解学生的知识、能力上的漏洞和缺陷，

及时进行补救。要坚持教师全部批阅，学生自己改正的方法。教师的全部批阅要起到如下作用。

学生是否按时交了作业，按要求做了作业。

大多数学生出现的共性问题，要及时在课堂上进行讲评、弥补。

个别学生的错误应认真分析，全面细致地了解每一个学生的缺陷。

学生在学完一章（一个单元）后，将作业装订成册，前边附上小结，交教师批阅。

在每次作业中的问题，教师应做记录和分析。如发现关键性或普遍性的问题应及时在班级进行讲评，弥补缺陷。然后再留作业进行巩固。

各学科的学生作业练习，要按本学科的规范要求，严格训练，培养出好的学风和习惯。

（七）成绩的考核

学习成绩的考核是教师对学生学习状况、自己教学状况的重要反馈渠道，是促进学生学习的一种重要的方法。成绩考核包括平时、阶段、期中、期末考核及学期、学年成绩评定。

成绩考核由教导处统一管理。每学期初上课前教导处发各科成绩册，用以登记学生的平时成绩、作业成绩及各类考核成绩。

成绩包括作业、提问、小测验、作文、实践、制作等项。

期中测验和期末考试纳入学期教学计划。每学期不超过4次，阶段测验随堂进行，试卷分A、B卷，不排监考，也不必调课统一进行。期中、期末考核由教务处统一安排时间、地点和监考。

期末要在教务处统一组织下对所有学科进行考试或考查。

档案的成绩不允许修改。

（八）辅导

辅导指在规定的教学课时以外，给个别学生补课、解答问题、指导练习等教学活动，是全面提高教学质量的有效辅助手段。

辅导要因材施教，要有目的、有准备、有重点地进行。提倡教师主动对学生进行个别辅导。

统一安排语文、外语早读，其他学科的辅导，任课教师要按时组织学生进行。

优秀生辅导可和学科竞赛相结合。

学习成绩差的学生的集体辅导，要由年级组统一安排。

（九）课外活动

活动是课堂教学的延伸，是学校教育的一个重要组成部分，是对学生进行思想品德教育，促使学生身心健康发展，培养其个人才能爱好和特长的重要场所。指导好课外活动是学校及教师的职责。

活动包括思想教育活动、选修课、学科课、兴趣小组、体育锻炼、运动队训练、文艺社团活动、运动会、科技节、艺术节活动、社会实践及军训活动，分别由教导处、政教处和艺体处安排及具体实施。

活动列入学校活动总表，不得任意冲、占和挪作他用。如发生时间上的冲突由校长办公会加以协调。

各项课外活动的教师，在开学第一周内上交活动计划到主管部门，对参加活动的学生，要有考勤记录和成绩考核。

课表的选修课按课堂教学要求执行。

学生每天有一小时体育活动的时间。

（十）教学研究

提高教师的业务文化水平，积极开展教研活动，要根据教学改革的要求从教学实际出发，确定研究专题，注意积累和总结教学经验，每学期召开一次经验交流会。

每周各教研组有半天时间进行教研活动，每两周每人写千字业务学习笔记。教研主任负责检查，定期总结交流，作为业务考核依据之一。

组织公开课教学。课前要有充分准备，课后要进行详细的座谈或评议，并形成书面材料及时归档。好的公开课要向上一级主管部门

推荐。

（十一）教学领导

教学工作是学校的中心工作，学校领导要经常分析研究教学工作的问题，领导干部要兼课，经常深入教研组和教学班，有计划地听课，参加备课和教研活动，检查指导教学工作及时纠正问题和发现好事例以扶植支持，使教学工作处在不断改进和提高中。

五、教学反馈和家长参与教学管理制度

教学信息反馈是学校领导掌握学校教学情况、教师的教学效果及调配任课教师的重要依据。

（1）每年定期在期中、期末考试后，通过学生填写《教师工作情况调查反馈表》，掌握教师的实际教学情况，奖优罚劣，及时发简报并有相应的整改措施。

（2）不定期深入班级，通过与学生交谈的方式，了解教学情况。

（3）充分利用每次家长会，认真听取家长对各班级教师任课情况的反应，对暴露的问题认真整改。

（4）通过校长信箱实行民主管理，多渠道掌握教育教学实际情况。

（5）不定期召开家长会，每学年的学期初、期中、期末或遇重大事务（如高考填报志愿、分班等）召开家长会。

（6）成立家长学校，定期给家长上课、培训，与家长沟通信息，形成学校、家长、社会三位一体的教育机制。

（7）举办家长接待日活动，参与学校的重大决策，如班级科任教师的调配等。

（8）家长的学校活动不得占用学校正常的教学活动时间，各班家长会的活动需经家长委员会批准。

（9）家长委员会由主任、班主任、成员组成。主任由学校的校长、书记担任，副主任由教学副校长、管理副校长及一名家长担任，成员由教务、艺教、政教、教研室主任和四名家长代表担任。

六、优质课的标准

（一）文科优质课标准

总的要求如下。

教学目的明确；教材挖掘深透；教学方法恰当；课堂设计科学严谨；教学效果显著。

在这个标准的要求下，任课教师通过深钻教材，研究学生、设计教法等途径，教出自己特色。

具体体现如下。

第一，教学内容的优化。增加课堂教学密度，从实际出发对教材大胆取舍，通过浓缩教材，确定明确的教学目的，做到重点突出，难点突破，缩短课时，短时高效。遵循文科自身规律，教学分类不分家；贯穿读写结合，体现培养能力。高标准课堂容量，对教材拓深加宽，从教学求新的高度出发，结合教材内容，穿插新的知识信息，体现时代色彩。

第二，打破"一言堂"，建立新的课堂教学格局，彻底否定教师"一教到底"的传统，体现以教师为主导，以学生为主体的教学原则。

第三，优质课的教学应注重知识性与思想性的统一，充分体现既教书又育人的宗旨。优质的文科教学既不是机械地教案背诵，也不是呆板的教学演示和说教。教者的语言应有一定的艺术性。

第四，应变能力是优质课的保证。优质课的教师具有驾驭课堂发展的能力，为此，要求教师精心设计教学环节，做到步骤合理、衔接紧凑、过渡自然。

第五，优质课的服务对象应是全体学生、体现出因材施教、分类指导、平衡丰收的思想。

第六，根据内容，适当、合理、有效地运用现代化教学手段。

（二）理科优质课标准

传授知识的内容要难度合适，数量合理；教师要抓住本课题最本质的东西。在传授知识的过程中把培养训练学生的自学能力与发展学生的智力有机地结合起来，使学生得到最大的收获。

实现学生的主体地位和教师的主导作用。充分调动起学生学习的积极性、主动性、激发和引导学生探索、发现、理解和掌握新知识的概念、内容和体系,教师要训练学生逻辑思维和解题思路,注意研究学生心理,揣摩学生不易领会之处,以精选的示例引导学生。

教学语言精练、准确,教态和蔼可亲,让学生学得愉快、自然,在和谐的气氛中获得知识。

培养学生学习的规范化。对学生的语言、书面表达教师都要给予足够重视。

优秀课的目标应该是:教师教得少、精、准、活;学生学得懂、会、准、熟、巧。

教学目的的明确。教学目的应从培养能力和传授知识出发。根据教学大纲和教材要求,结合学生实际确定准确的教学目的。

科学地阐述教学内容。教学内容的阐述,是培养能力、传授知识的关键,必须做到知识准确,重点突出,抓住关键,语言要求生动、活泼,富有哲理和风趣,联系实际要恰当。

改革教学方法,要使学生成为学习的主人,教师应创造条件调动学生学习的积极性和主动性,教给学生以科学的"点金术",这是教师发挥主导作用的核心。

课堂组织严密,精讲精练,采用读、想、议、讲、练、问相结合的办法,不仅要提问学生,也允许学生提问教师,达到培养能力,开发智力的目的,教学密度适当,内容适中,做到当堂理解,当堂消化。

加强演示实验,注重培养学生观察问题、分析问题、解决问题的能力,合理、有效地运用现代化教学手段。

七、美术课教学管理制度

(一) 备课

教师要充分了解各美术院校招生情况,了解学生的基本情况,设计好可行性方案和作业。

渗透德育、提高审美能力。

（二）上课

认真遵守学校的作息时间，每节课要提前两分钟进入画室，不提前下课或中间离开画室。

不得私自停课、调课、代课。

课前要摆好静物、安排好模特。

不准酒后进入课堂，画室内禁止吸烟。

认真完成教学任务，充分调动学生积极性、主动性，鼓励和培养学生的创新精神和良好的学习习惯。

要对学生的全面发展负责，时时作出表率，以自己的实际行动感染学生。

要尊重学生，不体罚学生。

管理好画室的物品，用过的静物要及时归还静物室。

适当布置作业，及时检查，反思教学效果。

八、音乐课教学管理制度

（一）备课

教师要熟悉教材，了解学生的演唱技能和乐理知识基础，准备出可行性强的教案。

教师适时渗透美育和思想品德教育。

（二）上课

教师要注意培养学生正确的演唱方法、演奏方法，纠正不良的歌唱姿势、演奏姿势。

善于调动学生提出和发表独立见解，鼓励和培养学生的创新精神和良好的学习习惯和学习品质。

贯彻以学生为主体的方针，充分调动学生的学科积极性、发展音乐天赋，培养学生的音乐技能。

严格按课表上课，不得私自停课、调课、代课、空课，不得迟到、提前下课。

举止文明，穿着大方，仪表端庄，态度亲切，不随意会客或随意

离开教学场所。酒后不准进入课堂，不准在课堂吸烟，不准在课堂上打手机。

要尊重学生，不能对学生出言不逊，挖苦学生或与学生发生争执，把学生赶出课堂，体罚或变相体罚学生。

（三）课外

教师适当布置练习，注意检查。

九、体育教师上课规范

（一）备课

常规体育课教师应按教学大纲和课程标准，书写教案，做到课题清楚、目的明确、要求明了、重难点突出，体现体育器材名称，有课后反思。

教师要做到备教材、备学生、备器材、备场地，提倡个性化教案。代训练队的教师应按要求制订训练计划，及时做好训练记录。

（二）上课

无论常规体育课，还是专业训练，上课教师一律穿运动服和运动鞋，常规室内课可视情况灵活处理。

上课有严格的时间观念，不得空课、迟到或提前下课，教师应至少提前2～3分钟到达上课地点，否则视为严重教学事故。

上课首先要清点学生人数，如有缺席学生，下课应及时与班主任沟通，不得延误。

每一节课要根据大纲有明确的教学内容，不同年级、不同性别要有具体的教学目的和教学要求。

上课所需的体育器材，应在课前准备到位，不得占用上课时间。

上课教师应严格管理学生，不得出现失控局面，扰乱校园秩序。

教师应对体育教学的安全负全面责任，严格按操作规程办事，不应出现因教师的过失而造成的安全问题。

上课及训练结束后应及时清点器材数量，检查是否有损坏，并及时送还库房，如丢失由上课教师负责。

十、艺体处教师教学常规检查处罚制度

（1）教学常规由艺体处领导及干事不定期检查，发现违反教学常规的现象及时处理。

（2）当日将《艺体处教师违反教学常规通知单》一份送达本人限期整改，一份送艺体处备案。

（3）学期末或年终视教师违反常规的次数及严重程度，决定是否给予晋级或评模。

（4）对于出现严重教学事故，给学校带来重大不利影响的教师，一经发现，全校通报，坚决取缔，三年内不得晋级及评模，视本人的态度及整改的情况，决定是否调离本岗位。

艺体处教师违反教学常规通知单

姓名		班级		科目	
事由：					
				主管领导签字：＿＿＿＿	
				200 年 月 日	

注：一式两份，一份送达本人整改，一份送艺体处备案。

十一、毕业会考考试工作管理制度

（一）考生注册

具有普通高中学籍的学生（含外省学籍在我省已办理借读手续的学生）具有参加我省高中毕业会考的资格。

具有参加我省高中毕业会考资格的考生，在首次参加我省会考前，必须先办理考籍注册手续。

由本校负责组织考生考籍注册工作。每位考生须涂写《黑龙江省普通高中毕业会考考生注册信息卡》（考籍表 1）一份。由学校统一到所在市会考办公室办理考生考籍注册手续。

学校负责组织考生对《考生自然信息对照表》中的信息逐项认真核对。对于与考生本人不符的自然信息，由学校负责将其正确的自然信息填写到《黑龙江省普通高中毕业会考信息更正表》中，逐级上报。

（二）《信息卡》的填涂

《信息卡》中的汉字和阿拉伯数字须用灌有蓝黑墨水的钢笔填写。填写要清晰、工整，不得涂改。

考籍号由各市划定后，由考生所在学校统一给出，各校考生考籍号必须连续编排，不许断号。

考生依据《国家标准信息交换汉字编码》查出代表本人姓名的汉字区位码，并将其汉字及其区位码填入汉字栏和区位码栏。

六少民族包括：蒙古族、鄂温克族、赫哲族、达斡尔族、鄂伦春族、柯尔克孜族。这六个民族的考生，要将"六少民族"栏下的信息点用专用铅笔涂黑；其他民族的考生，要将"其他"下的信息点用专用铅笔涂黑。

各信息点必须用专用铅笔涂写，涂写以能盖住矩形信息点为宜。

考生在填涂时要规范、认真，修改时要用专用橡皮擦干净，不要将《信息卡》弄坏、弄脏、折叠。

按照《考生自然信息对照表》组织各班级的填表校对工作，充分发挥班主任的作用，把好校对关。尤其是姓名和出生年月，一定要与户口上的一致，要特别注意外语语种是否正确。

（三）考生报名

凡已在我省办理高中会考注册手续的考生方可报名参加我省的高中毕业会考。

每年的 4 月份为生物、地理、物理、化学、历史、外语和生物实验、物理实验、化学实验、劳动技术课共 10 个科目的会考报名时间；每年的 11 月份为政治、数学、语文（含民族）共 3 个科目的会考报名时间；每年的 2 月份为政治、数学、语文共 3 个科目的会考补考报名时间；每年的 9 月份为生物、地理、物理、化学、历史、外语、政治、数学、语文共 9 个科目的会考补考报名时间。

组织本校考生的报名工作。每次参加会考的考生须上交一寸近期免冠半身正面照片两张。每次会考（含补考）报名的同时，由学校负责收缴考试费用并上交市会考办。

凡考籍发生变更的考生，其变更信息填入《考生考籍变更名册》。

凡会考成绩不及格者（含自行会考成绩不及格者），可参加当年全省统一的补考。补考仍不合格者，允许跟班继续学习，参加第二年全省统一的补考，直到毕业年份 10 月份的补考。

每次会考后，省会考办在下发《会考成绩册》的同时，下发《会考成绩不及格考生和缺考考生名单》。要求参加补考的考生须在规定时间参加由学校组织的补考报名。学校按年级填写《补考考生报名册》。

考生首次办理会考（含每次补考）报名后，由学校到市会考办办理《准考证》（《补考证》）。

《准考证》遗失可申请补发。由学校统一到市会考办办理补发手续。

（四）考籍管理

要建立会考考籍档案。凡有考生考籍发生变更的，学校必须将这类考生的有关信息填入《考生考籍变更名册》，在每年考生报名时同各类表格一起逐级上报，重新建立考生考籍档案。因考生个人因素造成的考生信息错误，学校负责将正确信息填入《考生信息更正表》上报市会考办，同时考生要缴纳信息更正手续费。

（五）成绩管理

学校建立相应的成绩档案。因考籍变更而引起的成绩转移，学校将考生考籍变更的信息填入《考生考籍变更名册》，并在当年会考报名时逐级上报，由省会考办负责实施成绩的转移。转学、休学、留级的考生原成绩有效。

（六）成绩公布与查询

学校收到《考生成绩册》后，要认真核对，并做好记录。将《考

生成绩册》的复印件在学校的显要位置张贴，向全体考生公布成绩。

学校对《考生成绩册》中未公布成绩的考生，要认真做好登记，并逐级上报申请查询。

（七）证书管理

凡参加了高中九科文化课和四科考查科目毕业会考且成绩全部合格的考生，均可取得高中毕业会考《成绩证书》和《成绩证明》。

《成绩证书》同《毕业证》共同使用，《成绩证明》放入考生档案。《成绩证书》和《成绩证明》加盖省会考办钢印有效。

凡参加了九科高中文化课和四科考查科目毕业会考但成绩未全部合格的考生，均可取得高中毕业会考《成绩证书》。《成绩证书》同《肄业证书》共同使用。

高中毕业会考《成绩证书》和《成绩证明》不得转借、伪造、涂改。《成绩证书》和《成绩证明》丢失不补。

以上会考管理制度尚在进一步建立完善中，如有与上级不符的，按上级文件执行。

十二、学籍管理制度

为进一步加强和完善学籍管理，明确管理责任，保证学校各项工作的开展，严格按照《黑龙江普通高级中学学籍管理规定》的通知及上级部门的有关规定，制订学籍管理制度。

（一）学籍管理的内容

注册。高一新生由市教育行政部门统一录取，否则学校不接收入学，新生一律凭入学通知书及当地户口，按规定日期到学校报到，办理入学注册手续，方可取得高中学籍。

建档。新生入学两周后，学校按班级填写新生名册，抄报教育行政主管部门，然后按照黑教委中字〔1991〕147号《关于修改高中学生档案的通知》要求，为学生建立完整的档案，并由教导处统一审查保管，档案材料包括：

初中升高中考生登记和录取通知书；

高中学生学籍；

高中学生卡片；

中学生社会实践活动登记表；

中学生体育合格标准登记卡；

学生体检检查表。

（二）旷课及处理

学生连续旷课达一周或累计旷课达40节者，按自动退学处理，其学籍不予保留。

（三）休学和复学

学生因事因病一学期以上不能到校上课后，须持家长申请书和县区级以上医院诊断书办理休学手续，由班主任签字，校长批准，申报上级教育行政主管部门，审批后休学一次为一学年，如仍不能复学，要申请办理延期休学手续，连续休学不得超过两次。

休学期满复学时，须办理复学手续，经学校审批后，复学。休学期满没有按规定日期办理复学超出一个月者，按自动退学处理，其学籍不予保留，并通知学生及家长。

（四）转入、转出

转入、转出一律由校长批准。转入学生持校长签发的三联单到教务处、宿舍、食堂办理有关手续。

十三、教务处常规教学管理策略

（一）坚持"五有""六抓"，规范教学常规

五有：层层有计划，层层有规章制度，定期有教学工作检查，期中有教学工作小结，期末有教学经验总结。

六抓：抓教学思想是否端正，抓教学计划实施，抓教研组备课组建设，抓备课、说课、上课、听课、评课，抓作业量和批改作业质量，

抓教学评价与分析。

（二）备课要求"六备""五清""五吃透"

六备：备教材和大纲，备学生，备学法指导，备提问和习题，备媒体和实验，备资料和新信息。

五清：知识底数清，认知心理清，学习态度清，可接受程度清，环境影响清。

五吃透：吃透教材内容所占的地位和作用，整体结构主要线索及纵横联系；吃透教材及育人因素；吃透教材编写意图及知识体系；吃透教材中对不同学生的学习要求；吃透让学生参与了解知识的发生、发展和应用的全过程的脉络和布局。

（三）课堂教学设计倡导"三优归一""三个空间"推动课改

三优归一：优化师生活动，优化信息传递，优化时间分配，从而达到优化教学过程的目的。

三个空间：设计教学要设计学生活动的空间，学生思维的空间，学生表现的空间。

（四）课堂教学五突出

五突出：突出重点、难点，突出能力培养，突出思维训练，突出因材施教，突出教学效率。

（五）高三教学"四精""四有"

四精：精研、精讲、精练、精考。

四有：有发必收、有收必批、有批必改、有差必补。

（六）注重"五个反思""五记"，提高教学水平

五个反思：反思教学设计，制定最佳教案；反思教学过程，寻求改善和调控方法；反思学生差异，实行分类指导；反思阶段成绩，指导学生修改学习计划；反思学生的进步，挖掘发展的潜力。

五记：一记教学中的闪光点，二记教学中的不足，三记教学中的

创新点，四记学生的最新感受，五记反思后的再教思路。

十四、期中（末）考试制度

（一）考试安排

期中考试一般定在学期第十周，期末考试一般定在学期第十九周或第二十周进行。

修课、活动课提前两周随堂考试外，其他学科都按教导处考试课表进行，科目考试时间一般为 90 分钟，如语文考作文，可增到 120 分钟。

搞突然袭击，期中考试由教研组规定随堂复习时间；期末考试，由教导处提前一周安排复习课表。各班都要进行考前思想教育。

评卷、总结，一般在三周内完成，即第一周考试，第二周评卷、质量分析，第三周教研组和学校总结。

（二）命题

由各备课组商量命题，经教导处主任审阅后，可用。

难易程度按教学大纲要求，并结合教学实际面向全体学生的中等水平偏下，其中反映教材双基内容的占 60%，运用能力的占 20%，综合能力的占 20%。不出偏、怪题。期末考试题命题内容，期中后的占 70%，期中前的占 30%。

文字力求准确简练，防止出现错别字或语句不通顺的现象。命题之后，要拟出考题的标准答案和评定方法，评定时一定要客观公正。

保密，有意漏题的要严肃处理。

（三）监考

考场设监考两人，分别在考场前后认真监考。在监考中不准吸烟、会客，擅离考场。

人员在考前，应向学生宣布有关注意事项，督促学生把书籍、笔记等物放在讲台前。

职尽责地维护考场纪律，监考教师不许看书、评卷或做其他工作，发现学生违纪时，一定按规定严肃处理，并报告给教务处。

人员不得向学生解答试题，考卷不清楚时，可念题目或由主考、科任教师统一解答。

时间一到，要按时收发试卷，并清点试卷数目，核准后将试卷交给教务处统一装订。

（四）评卷

工作是考核教学质量的重要环节，必须严肃认真地、一丝不苟地、实事求是地做好。

多人以上的备课小组，实行一人一题，专人专题的评卷办法，评卷开始，要统一评分标准和标准答案，不得擅自改变标准答案和评分标准。

一律用红钢笔水。记分应分记在题分、总分指定的位置。对评卷中出现的疑难问题，教研组要统一研究解决。

要准确，登分要细致，保证做到不错不漏，要制止弄虚作假等不正之风。

教育学生，培养良好习惯，对考试违纪、卷面很乱的学生，应按各科评分标准严格扣分。

要统一发表，试卷要认真保管，防止丢失、污损或随意涂改。

（五）考试后的试卷分析

分析标准首先指出命题范围内容，并分析内容是否符合教学大纲要求，是否紧扣教材和结合实际。

鉴别能力指数：依据优等学生和差等学生正确率之差计算出每题的鉴别能力指数，通常以 +60 左右为宜来提出对试题难易的看法。

难度值：依据学生每题的平均分数和各题满分数计算各题的难度值。

频数分布曲线：试卷分析中依据学生成绩分组绘出频数分布曲线，按正态、正偏态、负偏态、平峰、高峰、双峰的意义提高对试题梯度、

层次、区分度的看法。

效度：试题的效度是考试正确性的重要指标，它能标明是否正确测出学生实际能力的程度。

综合以上几个方面的数据，提出教者的分析意见。对试题总的看法，构成试卷分析的第一部分。

（六）答卷存在的问题分析

这部分内容对于教师来说是至关重要的。要通过学生试卷的实际找出以下问题：

学生对所考察内容"知识点"掌握的情况；

学生对所考察内容答题规范化程度；

学生对所考察内容"综合运用分析问题"的能力；

分析学生试卷中典型错误范例，找出出现错误的原因，找出教学中尚待解决的问题（包括教师教学和学生学习两个方面），提出解决问题的措施；

班主任、年级长在期中、期末考试后都要写出质量分析报告；

质量分析以班级为单位，由班主任负责组织，以任课教师所在班为单位进行质量分析。

十五、关于违反常规教学管理事项的处罚规定

为了加强常规教学管理，提高教学质量和效益，制定关于违反常规教学管理事项的处罚规定如下。

（1）教学事故（包括无故缺课、上课中途退出、没有备课随意授课）一次，扣发当月奖金。一个月内累计教学事故两次，另从辅导费中扣除200元。一学期累计教学事故三次，停止工作待岗。

（2）常规教学（包括晚自习）坐在凳子上讲课，每发现一次扣发奖金100元，奖金不足从辅导费中扣除。

（3）不经教务处批准随意订资料，扣奖金200元，不足从辅导费中补扣。

（4）作业批改经检查不足量，每次扣发奖金 50 元。

（5）教案经检查无余量两节，每次扣发奖金 20 元。

（6）听课不足量，每次扣 20 元。听课不足量作假，每次扣奖金 50 元。

（7）上课时手机待机状态上课，一次扣奖金 10 元。

以上规定自公布之日起执行。扣发的奖金和辅导费由教务处管理，作为常规教学管理奖励基金。

十六、教学反馈制度

教学信息反馈是学校领导掌握学校教学情况、教师的教学效果，以及调配任课教师的重要依据。

（1）每年定期在期中、期末考试后，通过学生填写《教师工作情况调查反馈表》，确实掌握教师的实际教学情况，奖优罚劣，发简报并有相应的整改措施。

（2）不定期深入班级，通过与学生交谈的方式，了解教学情况。

（3）充分利用每次家长会，认真听取家长对各班级教师任课情况的反映，对暴露的问题认真整改。

（4）通过校长信箱，实行民主管理，多渠道掌握实际教学情况。

十七、艺体处文化课教学管理制度

（一）备课

严格按照教学大纲、教学计划、课程标准及高考考试说明的要求备课，在个人的备课基础上，坚持集体备课。吃透教材，认真备好每一节课，并要求有适当的提前量，不得少备课。

教案要做到针对性、实用性、指导性相统一。讲授有课时、上课日期、目的、重点、难点、传授方法、小结、作业、板书设计、课后反思。

备课要深思熟虑，融会贯通，举一反三，做到备教材、备学生、备教法、备现代教学技术。

同学科之间备课要互相借鉴、取长补短，集体备课每周至少一次，并做好记录，每学期至少抽查两次。

按要求年组每半月检查一次，艺体处每月检查一次。

（二）上课

严格遵守作息时间，听到预备铃或提前1～2分钟到教室组织学生，按时上下课，中途不得随便离开课堂，严禁拖堂。

课前应清点学生人数，发现无故缺课者课后及时与班主任取得联系。上下课学生要起立，师生简要互致问候。

积极贯彻新课改的要求，教师应发挥主导作用，努力调动学生自觉学习的积极性。

讲课要严格认真，精神饱满，衣着整洁，不许穿拖鞋或鞋拖上课，不得酒后进入课堂，不得在课堂上吸烟，不得接打手机，不得随便会客。无特殊原因，不得坐着讲课。

教师语言要文明，不得粗俗和低级，对违纪学生不得体罚，不得轻易撵出课堂。

不得随意串课、代课、空课，若外出学习、开会，由年级长统计安排串课，由艺体处备案。由于年级统一考试，组内活动课由年级长统一安排。

教师要经常组织课堂纪律，使课堂秩序井然，及时制止扰乱课堂纪律的行为，杜绝课堂学生睡觉、吃东西等不良现象。

上课期间，其他教师不得随意占用或将学生叫离课堂。特殊情况，需经班主任或年级长协调。

晚课期间，任课教师除保质保量完成教学计划外，应组织好后一节自习课，应经常走动答疑，最大限度地提高学生晚课的学习效率。

（三）课外

语、数、外学科教师要及时按要求批改作业，政、史、地教师对所布置的练习题要有计划地批改和抽查，学生对知识的掌握程度，教师要做到心中有数，使教学更具针对性和实效性。

课后根据学生的实际学习情况要有计划与学生进行个别交流，帮助学生树立学习信心，探讨适合学生个性的学习方法。

要求班主任每周听本班课两节，每月末由艺体处检查。

寒暑假或长假期间，任课教师应有计划与家长取得联系，了解学生在家里的学习情况并给予适当的指导。

十八、教育科研项目管理制度

（1）每学期有教育科研项目。

（2）有专人管理教育科研项目。

（3）科研项目要按项目周期规范管理，按期做好各项工作。

（4）注重项目实验的资料收集工作，项目的立项审批、实验计划、开题报告、数据资料、实验报告（含阶段报告）、终结验收（含阶段验收）等资料要齐全，及时存档。

（5）有专项的科研经费，校长主管、主任分管，做到合理使用。

（6）及时上报项目成果，开拓性地做好成果推广应用工作。

十九、组织公开课和教学经验交流制度

（1）公开课是一种很好的教研形式，有利于提高教学水平和开展教法研究。但在组织公开课时应本着少、小、实、新的精神。少就是少而精；小就是规模不宜过大；实就是不搞虚假；新就是有改革、创新。

（2）每次公开课必须有一定的教法和教学经验做基础，减少盲目性和为公开而公开的走过场行为。

（3）每次公开课要善始善终：有全课的目的和所讲一节课的要求；有教者的教改设想；有群众评议；有领导的小结。即使是萌芽的创新也应充分肯定，对主要缺点应实事求是地指出。

（4）教学经验交流也本着上述精神进行。

（5）对有较高水平的公开课和教学经验可向上一级业务部门推荐。

（6）教学经验的书面材料要及时归档。

第二节　教学考评制度

一、教学考评细则和办法

教学是学校日常的中心工作。教学的基本要求是："重基础，重能力，方法灵活，理论联系实际，讲究效率。"教学检查主要包括以下诸方面的内容要求。

（一）基本功的要求

基本功要求可以分为共性的基本功要求和个性的基本功要求两种。

（1）共性的基本功要求。各科共同的共性基本功主要包括三个方面：语言、板书和现代教育技术的应用。

讲述语言要求。讲述语言要规范、简练、准确、生动、形象，语言的科学性、逻辑性强，声音洪亮。

板书要求。板书要求要规范工整，字体清楚，正确，不写繁体字（除讲古文字等情况外）。

熟练掌握现代教育技术。

（2）个性的基本功要求。具体每科教师的基本功要求除具有以上共性的要求之外，还有各自独特的专业特点要求。这种个性要求是突出各门课特点或着重点的要求。一些课程的学科特别要求如下：

政治课：概念必须准确、清楚；

语文课：范读必须标准，字、词、句、章的讲解与分析必须准确恰当；

数学课：概念、板图、板演及推理论证必须准确，思路清晰；

外语课：发声必须准确，读说必须熟练；

物理课、化学课、生物课：必须能独立做实验；

历史课：必须熟悉重大历史事件及主要历史年表；

地理课：必须熟悉基本的地理概貌，能正确地掌握地图，并能准确地绘图。

（二）备课要求

备课是搞好教学的前提和重要保证，也是整个教学活动至关重要的一环。备课的常规要求是多方面的，它包括以下方面。

（1）备课的内容要求。备课的内容要求主要包括备教材、备教法、备学生三个方面。

备教材。备教材主要包括深入领会大纲精神，研究教材的体系安排，知识范围，知识要点，具体要求，明确重点、难点和教学关键内容。

备教法。备教法是指在备好教材，确定课堂教学类型之后，研究、确定、实施教学所采用的具体方法。

备学生。学生是全部教学活动的主体。备学生，就要求教师了解学生的知识现状，掌握具有共性的问题，尽可能地逐一了解每个学生的个性、知识水平、接受能力、学习举例等，以便施教者能够有的放矢，因材施教。

（2）教师除进行个人备课外，还必须进行集体备课，集体备课每周不得少于1次，并要认真做好集体备课笔记。集体备课主要是交流对教材、教学法的分析隋况，确定统一的单元目的要求，教学重点和难点，确定统一的单元练习及统一的单元进度，交流解决难点的办法，确定统一的单元测试等。集体备课达到集思广益，集体切磋，明确目标，统一要求的目的。

（3）备课必须有教学实施方案。每学期在开学前写出全面的教学计划，每个单元又需要写单元教学计划（教学目的、要求、内容、教学进度等），提前一周要写下一周的课时计划。每堂课要有具体的课时计划（目的要求、教学内容、教学重点、难学难点、时间分配、练习题和复习作业题等）。学期的、单元的、课时的教学计划要求具体充实，它不仅是学校检查教学效果的出发点，也是教师教学的目标所在。

（4）重点课、难点课要尽可能做到课前试讲，认真做好准备。

（三）课堂教学要求

课堂教学是整个教学活动的核心内容和中心环节，其基本要求如下。

（1）不漏课。不经校长批准，任何人不得私自随意停课，或占做他用，教师因故不能授课，要提前做好安排或交接。

（2）按时上下课。不迟到，上课前一分钟必须在教室前等候。不早退，不得随意提前下课或随意离开课堂，其他人不允许随便进教室打断课堂教学。

（3）不拖堂，加强课堂教学的计划性。下课铃响后，应马上结束讲课，不侵占学生的课间休息时间。

（4）课堂不做任何非教学活动，不讲与教学目的无关的问题。

（5）新课开始前应有必要的复习，温故而知新，新课力求中心明确，重点突出。讲解要准确、清楚，重点、难点要透，清晰，深入浅出。精讲多练，新课要留有一定的巩固练习时间，当堂要解决的问题当堂要解决完毕，要由浅入深地启发学生，讲求实际效果。

（6）提问和练习。要求要明确，教师要给学生准确的问题答案。

（7）学生在课堂上临时提出的问题，教师要以科学的态度对待，一时不能准确回答的，要在认真准备之后给予解答。

（8）提倡和鼓励教学工作的创新。凡积极进行改革试验者，提出方案，不涉及其他学科的，经教导处同意即可试行。

（四）作业设计与批改要求

作业是学生对所学的知识进行巩固和加强的一种手段，是课堂教学的延续和深入。一般来说，对作业的统计，批改的具体要求如下。

（1）作业题目要根据教学目的、教学重点和学生实际制定，要讲究作业题目的典型性，力求精练。

（2）作业题要力争在课内完成一部分，另一部分（每节课一般不超过 25 分钟的作业量）布置在课外，上等生、下等生可以分别对待。

要求学生在限定时间内完成作业，以利于培养学生当日事当日毕的良好习惯，教师要了解当天的学生的负担情况。

（3）批改要及时。一般要在下一堂上课前批改完毕，教师签字注明时间。对其中有共性的问题要及时讲评，个别学生的问题最好能个别讲评。

（4）作业要求亲自批改，原则上要全批全改。班级人数多的或试行其他批改办法的，由备课组提出，经教务处同意后可另定具体要求。

（5）教师批改一律用红笔，书写要工整，批语要通顺，严肃。批改要有鲜明的、统一的符号。

（五）课外辅导要求

课外辅导对学生巩固知识意义极大。作为教学活动的重要方面，课外辅导的要求通常要有如下几个方面的内容。

（1）课外辅导包括解答疑难问题和指导培养学生建立钻研兴趣，形成良好学习习惯与改进学习方法两个方面，侧重辅导学生怎样认真扎实地打好基础。

（2）每堂课后，教师在自习时间要深入班级，指导预习，复习，作业和解答学生提出的疑难问题。对班级共性的问题，可以统一讲解，但不得超过15分钟。

（3）在学生放学前，辅导主要在教室进行，不能集中在办公室。

（4）积极开展课外小组活动，进行各种形式的科学报告会、讲座，指导实验或课外阅读，组织参观访问，以拓展学生的知识领域、开阔视野、培养兴趣。活动要有利于学生在全面发展的基础上发展个人的特长；有利于脑力劳动和体力劳动相结合；有利于理论和实践的统一；有利于开发智力；有利于培养自学能力和独立工作能力，课外活动要贯彻因材施教的原则，因地制宜；要做到课外活动与课堂教学相结合，与课外阅读活动和课外实践活动相结合的原则，注重增强学生的自己动手能力。

（5）注意发展和培养人才，对学科成绩优秀的学生，在其各科学

习都较好的情况下，要加以个别辅导，使其发展某一方面的专长。

（6）对因公、因事或因病缺课的学生，要及时认真地，有计划给予补课。

（六）学生成绩考核要求

（1）必须认真考核学生的学习成绩，考核的目的在于：便于学校提高教学质量，督促学生学习，便于教师研究和改进教学工作。

（2）考核分平时考查、学期考试两种。学期考试要在完成教学总时数，组织学生系统复习的基础上进行，要向学生明确考试范围，必要时发复习提纲，平时考查（课堂考查、作业检查、单元考查或月考）要在反复训练的基础上进行。平时课堂书面考查每科每周不要超过一项。不搞突然袭击，不出偏题怪题。月考和学期考试的题目由任课教师出，教研组长审议，教务处修改确定。

（3）考试的方式分笔试、口试、口笔兼试和技能考查等几种，以笔试为主。凡侧重考查基础知识，宜采用闭卷的方式；着重考查分析和应用能力的题目公开，教师进行必要的答题指导。提倡研究，改进考试方法，一般由任课教师提出，教务处同意，即可试行。

（4）严格考试纪律。临考教师对本考场负全部责任，要恪尽职守，严肃认真。学生不准弄虚作假，无理取闹。如有违反考试纪律的学生，由监考教师视情节轻重给予个别批评、公开批评、取消考试资格等处理。情节严重的学生要给予纪律处分。课堂考查和月考，学生提前交卷不准离开教室。

（5）考试后立即按统一的评分标准评卷，一般采取百分制，对答题有创见的学生，可以适当予以鼓励，学期成绩的评定以学期考试为主，参考平时成绩。如平时成绩在80分以上，学期考试不及格，可定为及格；平时成绩不及格，学期考试超过80分，评分也不得超过80分。学年成绩的评定可采取两个学期考试的平均分数，如有明显进步上升的，可以以第二年期末的成绩为主。毕业成绩的评定以最后一学年评定的成绩为主。期末考试，要排列名次。

（6）每次评卷后，要进行质量分析提出改进教学的措施，并向学生讲评。

（7）学生成绩不及格者，在下学期开学前进行补考。补考只进行一次。政治、语文、数学、外语、物理、化学等学科，经学年考试补考后，仍有两科以上不及格者，降入下一年级或跟班试读。试读一学期以后，经考试达到全部及格或只有一科不及格时，方可转为正式学生。

二、教师素质目标要求及考评办法

学校是育人的场所，在学校对受教育者产生教育影响的各种因素中，最关键的因素是教师，教师素质包括两大方面：一是指教师队伍的整体素质；二是指每个教师的个体素质。

素质教育对教师的素质提出了更高的要求，据笔者所在学校教师的实际情况，对教师的素质目标制定了如下具体要求。

（一）教师要有高尚的思想政治品德素质，热爱教育事业

（1）思想素质，应具有科学的世界观、积极的人生观和正确的价值观，具有先进的教育思想。

（2）政治素质，要有执着的追求和坚定正确的政治信仰，坚持四项基本原则，自觉拥护和执行党的各项方针、政策；要有政治理论的素养。

（3）职业道德"六讲"：对事业讲奉献；对学校讲责任；对个人讲自律；对学生讲爱心；对同仁讲协作；对工作讲效率。

（二）教师要具备很高的文化科学知识素养

（1）教师的知识结构要具备马克思主义的哲学、社会学、心理学及古今中外科学的思想理论，如系统论、进化论等；精而深的专业知识，包括专业基础知识、专业主体知识、专业前沿知识；系统的教育科学知识。

（2）教师知识结构的特点为：在数量上要远远超过教科书的知识含量；在分布上，理论性、基础性的部分密度要大些；在排列上，有序

性、系统性要大些。教师的知识一定要处于不断的发展和调整中，以适应社会实践和科学发展的需要。教师的知识结构最好能具有独特的个性特点。

（三）教师要具备多方面的能力素质

（1）教师能力的结构模型。教师的能力是由三个能力层次构成的有机组合系统。第一层是认知能力，其中多种思维能力处于核心地位；第二层次为应有能力，由自学能力、审美能力、适应能力、自我修养能力等构成；第三个层次是实践能力，由分析教材能力、组织教学能力、语言表达能力、实验操作能力、教育科研能力、社会活动能力等构成。教师的能力可分为对各种影响进行加工的能力，对教学影响进行传导的能力，组织管理的能力，自我调控的能力等。

（2）教师的实践能力及要求。①教学能力。教师必须具备三类教学能力：第一类是对教学对象（学生）的调节、控制和改造的能力，包括了解学生、因材施教、启发引导、组织管理学生等各方面的能力；第二类是对教学影响因素的调节、控制和改造的能力，包括对教学内容的分析加工，对教学方法和手段的选择运用，对教学组织形式的合理利用、言语表达、检查教学效果等；第三类是教师自我调控的能力，包括自学能力、自我修养能力、接受和分析反馈信息的能力等。教学能力包括组织设计能力，教学的实施调控能力，教学的检查评定能力；教师的能力还应包括对信息的组织与转换能力，信息传递能力，适用多种教学手段的能力，接受信息的能力。

②表达能力。教师的语言一是要科学，二是要适合学生特点，并适当利用体态语言的辅助作用。

③组织管理能力，包括教学过程的管理能力，管理班集体的能力，参加学校工作管理的能力等。

④思想教育的能力，包括对学生思想发展的分析预测，寓思想教育于各项活动中，对后进生的疏导转化，协调校内外各种教育影响等各方面能力。

⑤交往能力。人们普遍认为，教师与学生、同事、学生家长、社会的交往能力在教育活动中起着重要作用。

⑥教育科研能力尤其要具有吸收新的科学信息和更新知识的能力。

（四）教师要有心理素质、身体素质、外在素质、技能素质

（1）教师应该具有很高的心理成熟度，较强的心理承受能力，较稳定的心理状态和较强的自我调节能力。在情感方面要丰富，深刻而有理性，不因外界因素的干扰而表现出剧烈的心理波动，而是富有理性地思考和观察。能对学生进行心理分析，开展心理咨询。

（2）教师要有较好的身体素质。教师的工作特点需要教师精力充沛、体质健壮、反应敏捷、身心健康。

（3）教师要有较好的外在素质。一般指教师要有良好的风度仪表，它是教师各方面素质的综合表现。

（4）教师要有必需的技能素质。

（五）提高素质的基本途径

强化教师在职进修制度；进一步提高教师的待遇；优化教学管理、促进教师素质的提高，发挥教师工作积极性、主动性，注意培养班主任、中青年教师和业务骨干。

（六）考评办法

根据笔者所在学校对教师素质目标要求和考核办法，制定了一系列的制度和标准，全面地对教师素质要求进行考评，考评从两大方面进行。

（1）教师的职业道德，包括是否热爱人民的教育事业，热爱学生，严于律己，以身作则，平等待人。

（2）教师的教育素养，包括比较精深和渊博的知识，良好的教育学、心理学知识素养，良好的语言修养，善于控制自己，有正确的学生观。

对教师的考评力求客观、公正，并且要重视学生家长的意见，同

时对深受学生家长信赖的先进典型要及时表扬，并给予物质上的奖励；对考评分值较低的教师除批评教育外，要依照有关规定进行必要的处罚。

教师素质教育的考评分为优良、合格、不合格。

为了让全体学生都能在主动学习中得到生动活泼的、较为全面的发展，教师素质的提高势在必行。

第三节　班主任考核制度

一、班主任管理工作条例

第一章　总则

第一条　班主任工作是塑造学生灵魂的工作。班主任是学校贯彻全面发展的方针，加强教育，提高教育质量，培养人才，完成学校各项教育任务的重要力量。班主任工作质量直接关系到学校的发展。

第二条　班主任是班集体全体学生的领导者、组织者、教育者和管理者。

第三条　班主任管理实行双重管理机制——政教处、教务与艺体处共同管理。

第四条　在主管校长的领导下，政教处负责班主任队伍建设，定期召开班主任工作会议，班主任日常工作检查、考核、兑现奖的发放，模范班主任的评选。

第五条　在主管校长的领导下，教务与艺体处负责对本处的班主任队伍建设，组织召开本处班主任工作会议，班主任日常工作检查、考核，兑现奖的发放，模范班主任的初选。

第六条　设立班主任业务档案，作为教师业务水平存档重要部分。

第七条　班主任的基本任务是按照党的教育方针和德、智、体、美、劳全面发展的要求开展班级工作，全面教育、指导、管理学生，协调本班教育教学工作，沟通学校、家庭、社会教育之间的联系，致力于学生整体素质的提高。

第八条　对学生进行思想政治教育和道德教育，保护学生身心健康，教育学生热爱祖国、热爱家乡、热爱学校，使学生树立为人民服务的思想。具备良好的心理素质，形成乐观进取、积极向上的人生观。对学生进行遵规守法教育。全面贯彻落实《中学生守则》《中学生日常行为规范》《石油高中修行五字歌》。

第二章　班主任职责

第九条　不断学习业务理论知识和先进教育管理经验，积极探索班级教育管理规律，不断提高自身业务能力及水平。

第十条　努力建设一支充满活力、积极向上、朝气蓬勃的班集体，造就良好的班风、学风。

第十一条　负责对班级的教学设施、教学物品的管理。

第十二条　负责对班级的环境建设，要使班级文化氛围浓厚，有特色。指导学生做好班歌、班徽、班旗、班网等班级形象展示工作。班级文化建设具有较高层次、较高品位、较高水平。

第十三条　负责学生的学习教育管理，不断调整学生的学习状态，调动学生学习的主动性、积极性，纠正学生学习中的不良习惯。

第十四条　发挥班级学科教师的核心作用，调动学科教师积极性，共同完成班级教育教学任务，与学科教师共同指导、帮助学生明确学习目的，端正学习态度，掌握正确的学习方法，提高学习成绩，同时着力培养尖子生，帮助后进生进步。

第十五条　负责自习课秩序的管理。协助任课教师教育处理课堂违纪生。不定期检查学生听课及学习状况。

第十六条　班务日志每日一检查，发挥班务日志的"窗口"作用。

第十七条　热爱、关心、体贴学生，禁止体罚或变相体罚学生。

第十八条　积极主动协助政教处对重大违纪事件的调查、审查、

处理。负责对违纪生教育转化工作。

第十九条　负责学生思想品德的考核评定工作。按时上报学生"思品"考核成绩。

第二十条　认真负责"两操"的组织管理，确保两操质量；确保学生身体健康。

第二十一条　做好各项基础材料的搜集、整理、填写，如班主任手册、班务日志、思想教育记录、好人好事记录本、点名册。掌握学生自然状况、思想状况、心理特征、学习状况。

第二十二条　组织好每两周一次的班会，发挥班会育人的作用。

第二十三条　落实好政教处、教务处下达的各项工作任务，组织班级学生开展好各项教育活动。

第二十四条　积极探索班级学生德育工作的针对性、实效性的途径和方法，形成本班德育工作特色。

第二十五条　每学年至少组织一次德育活动课，认真组织学生参加全校性的德育活动。

第二十六条　负责学生的住宿管理工作，经常深入宿舍检查，掌握本班学生住宿房间规格化、卫生、就宿秩序、归寝状况，与舍务生活教师密切配合，培养学生独立生活能力、良好的生活习惯、集体观念、纪律观念。

第二十七条　严格控制通校生数量，教育管理通校生遵规通校。

第二十八条　教育引导学生周六、周日备好生活学习用品，严格执行请事病假规定。

第二十九条　教育引导学生认清真、善、美，不符学生形象的服饰、打扮、行为要及时进行教育纠正。

第三十条　密切关注学生带手机的现象。不定期抽查，坚决扼制学生带手机。

第三十一条　严格控制学生谈情说爱，接触过密，与家长密切配合，对学生进行青春期教育。

第三十二条　密切关注学生上网吧、夜不归宿，要有预防措施

办法。

第三十三条　要经常对学生进行法制教育，控制学生打仗斗殴，控制违法犯罪。

第三十四条　教育学生团结友爱、文明用语，不讲脏话。

第三十五条　寒暑假、节假日离校前要对学生进行安全教育。日常学习生活中抓好学生的安全教育管理工作。

第三十六条　教育学生爱校、爱班级、爱护公物和学校一草一木，有损坏的落实追缴赔偿款。

第三十七条　为学生自主发展，张扬个性积极创造条件，支持鼓励学生参加学校社团、俱乐部、学生会，鼓励学生参加健康而有意义的文体活动。

第三十八条　搞好班级卫生及室内分担区卫生工作，做到检查到位、监督到位、指导到位。

第三十九条　按时参加班主任例会，并做好会议记录。

第四十条　每学期制订班级工作计划，按时上交工作计划、总结。

第四十一条　经常与家长沟通、交流，努力形成"家校教育"合力。同时向学校反馈家长的建议和意见。

第四十二条　班级出现重大问题及时向主管领导汇报，误报、瞒报，后果自负。

第四十三条　与心理咨询室密切合作，矫正学生不健康心理及行为。

第四十四条　不断探索班主任的工作规律，积累经验，撰写论文。

第四十五条　完成学校交办的临时工作。

第三章　考评与兑现

第四十六条　考评采取百分制。

第四十七条　考评成绩由两部分组成：一是班主任履行职责情况考评，二是效果考评。

第四十八条　考评执行者：主管部门领导、主管管理校长、政教处主任、教务管理主任、艺体管理主任、舍务负责人、值周班级。

第四十九条　每月考试成绩上报校长、书记及相关部门。

第五十条　兑现分配：教务与艺体各150元；政教处160元；兑现办法由部门议定。

第五十一条　考核。

（1）指导思想

努力建设一支业务理论水平高，工作能力强，思想作风过硬的班主任队伍，努力实现管理规范化、科学化，转变"千人一面"干好干不好都一样的局面。

（2）原则

重过程，重效果，严谨、细致、周密、公正、公平、公开。

（3）考核办法

①考核过程——考核班主任在实际工作中履行《班主任管理工作条例》中的部分职责。

②考核效果——班级学生日常学习生活中的表现。

③考核成绩——考核过程基础分为100分，依据履行职责情况，在100分基础上增减分；考核效果基础分为100分，依据学生表现情况在100分基础上增减分。

④成绩汇总——过程成绩权重0.5，效果成绩权重0.5，权重后代数和为最后汇总成绩，负分归为零，班主任独立发现学生违纪需上报政教处给予纪律处分的不扣分。

（4）兑现办法：

①鉴于不同类别学生特点，高三班级无室外分担区的实际兑现分为：教务高一、高二；艺体高一、高二；教务高三、艺体高三；体育班。

②A：班主任数 B：160元 C：系统总分 D：汇总成绩

兑现金额 =AB/CD

第四章　奖惩

第五十二条：设立差生转化奖，依据年内考评成绩及差生转化效果。

第五十三条：设立优秀主题班会奖，依据德育公开课的效果及

层次。

第五十四条：出现下列情况之一，班级管理效果分为零。

（1）工作出现的重大失误，造成严重后果。

（2）体罚或变相体罚学生。

（3）班级学生被开除学籍。

（4）班级学生参与斗殴三人以上（含三人）。

（5）谈恋爱或男女生接触过密两起以上（含两起）。

（6）接打手机两起以上（含两起）。

（7）夜不归寝两起以上（含两起）。

（8）吸烟两起以上（含两起）。

二、班主任指导新班主任工作条例

第一条　承担班主任工作五年以上现任班主任教师有义务承担指导新班主任教师的任务。

第二条　新参加工作的班主任教师应无条件地接受学校为其聘请的教师指导。

第三条　每位指导教师、新班主任教师都要签署责任目标书，并完成责任目标书所制定的各项任务。

第四条　指导教师每学期向政教处以书面形式汇报指导工作情况，所指导的新班主任教师的成长进步状况。

第五条　指导教师因工作不到位，或因工作指导不当造成严重后果，学校可随时解聘。被解聘的指导教师无资格当选本年度先进个人或优秀班主任。

第六条　新班主任教师不服从指导，指导教师有权向学校建议撤销其班主任职务。免除班主任职务的新教师原则上五年内不能再做班主任工作。

第七条　新班主任教师二年后如达不到学校的要求，学校将根据情况免去其班主任职务或再接受新一任的指导教师指导。

第八条 指导教师在二年内完成责任目标，学校给予一定的物质奖励。

三、新任班主任责任目标书

（1）虚心、主动学习指导教师的工作作风及班级管理工作方式、方法，不断地积累班主任工作经验。

（2）认真学习班主任工作业务理论知识，自觉地把理论运用到班主任工作实践中去，不断提高班级管理水平和班主任工作能力。

（3）认真履行班主任工作职责，努力完成班级各项管理工作任务。

（4）虚心接受指导教师的督促、检查，及时纠正工作中存在的问题。

（5）主动与指导教师交流，主动向指导教师汇报工作。

（6）三年内全面提高班主任工作水平及班主任管理工作水平。

四、班级量化考核的预案

为了使学校的管理水平再上新台阶，为了使学校对各班级的考核更加量化、细化、科学化，考虑到各班级的类型和情况差异很大，现对各班量化考核做一预案，特征求有关领导及班主任意见。

（1）不同情况分类。

不同类型之一：艺体特长生与文理科生的区别；

不同类型之二：班级人数的区别；

不同类型之三：个别班级与其他班级的区别。

（2）量化细则

①分数的确定：班级以 45 人为准，满 45 人分值为 $\eta = 100$ 分，多或少于 45 人每 3 人加减 1 分；采取 1 舍 2 入的方式计算，比如 52 人的班级应得考核分数为 $\delta = \eta + 7/3 = 102$，其他班级以此类推。（注：每月统计一次人数）

②音乐班、美术班、体育班 $\xi = \delta \, 1.05$。

③高二五（六）班，高一七班，高一二班为 $\xi = \delta\,1.05$。

④高一一班，高一三班为 $\xi = \delta\,0.95$。

⑤其他班级均为 $\xi = \delta$。（注：ξ 为 0.4 舍 0.5 入的方式）

⑥每个班的月考评结果为 σ。

（3）关于考核结果的 T 分化

$T = \sigma/5$ 每分为 8 元，由 T 分拿每月的班主任奖金。

（4）关于年级长考核

①早晨迟到一次扣 5 分，上限 50 分；满分 100 分，每分 1.6 元占 50％。

②其他 50％为 α；为年级班主任平均数 β 的 1/2，即 $\alpha = \beta/2$。

（5）说明

此方案为预案，现征集各位意见，有更好的方案或建议请在以下空白处填写。

方案或建议
姓名：

五、关于班级实施量化考核的说明

为了更加有效地对学生进行管理，形成良好的班风、学风，使管理更加有条不紊，使学生的行为习惯更加有序，按照学校深化质量年的要求，按照学校实行全员管理的精神意图，调到学生的积极性，自我管理的良好风气的形成，也为了班级管理再上新台阶，实现管理最严的目标，保证从学生到教师的管理联动的良好氛围，特制定班级量化考核的实施方案，望各班级行动起来，扎实工作，向管理要效益，向管理要成绩。

要求如下。

（1）在班主任老师的督促下或直接考核下,每天进行至少一次考核,详细认真填表。

（2）每周的第二节课间，如果升旗，就升旗之后向政教处上交一次考核表，待检查之后发回，登记在另一张信息表上，公示于班级的明显位置。

（3）政教处的检查分三个档次，总分为100分。第一档次加5分；第二档次不加不减；第三档次扣5分。标准为：①上交及时（25分）；②与学校考核基本相符（50分），学校考核是指校级值周，政教处考核、保卫科考核及其他检查；③班级考核有特色（25分）。

（4）量化结果与学生违纪的处理相关联进行（除违规违纪按相应标准扣分外），标准为：①扣分累计达20分者，通知家长，停课两天，回家反思，家长配合教育；②学期累计扣分达30分者，停课一周，家长配合教育并记过处分一次；③学期累计扣分达40分，开除学籍，留校察看处分一次，与家长签留校察看协议书；④学期累计扣分达50分，视为屡教不改，取消在校学习资格。

（5）班主任及任课教师要先做到严格要求到位，关心到位，教育指导及时，深入公开地实行量化考核，扣分要学生知情或签字。

（6）高三年级学生在下学期有对班级学习风气造成重大危害的，比如闹课堂，引出公愤的可直接令其离校，保证高三年级的良好教学秩序。

（7）班级周量化、月量化考核信息表。

第四节　学生管理制度

一、学生参与学校管理的制度与措施

（一）制度

（1）立校长信箱三部：教学楼一部，艺体楼一部，机关楼一部，每日开箱一次。

（2）学生会主席要把学生对学校管理过程中的意见、建议及时以书面形式面呈政教处、校办或校长办公室。

（3）教务处每学期至少召开两次、每班至少两名代表参加的全校学生代表座谈会，并将座谈情况向主管校长汇报，意见建议形成书面材料。

（4）教务处、艺体处定期对全体学生进行问卷调查，问卷内容视情况自定。

（5）校长室设立学生热线电话一部，校长在非特殊情况下接待每一位学生问访者。

（6）每位学生都有对学校的食堂、宿舍、后勤工作人员的服务态度，教辅人员的服务态度，教师的师德，教师的教学过程，学校的收费，学校的教育教学管理等进行监督的义务，有权质疑或提意见、建议。

（7）投出的信件或递交的书面材料若无音讯可重复进行反映。

（8）任何部门或个人，要高度重视学生反映上来的意见或建议，不许拖延或扣压。

（9）严禁在校园建筑墙面上及其他公共设施张贴小字报。

（10）学生反映出的问题，给学校的管理工作带来巨大的效益或避免了重大损失影响，给予物质奖励。

（二）措施

（1）校办负责每天开启校长信箱，并把信件做归类、整理，于当日或次日早八时前上交校长或主管校长。

（2）对学生反映的问题，应在收到之日起两日给予答复，若答复不了或解决不了的，应向学生说明原因。

（3）学生会及时把学生提出问题，学校的答复，解决情况以简报的形式发到全校各个班级。

（4）校长热线电话的号码向全体学生公布，校长出差由主管副校长向学生公布临时热线电话。

（5）鼓励学生参加学校管理，食堂设立伙委会，宿舍设立学生检查组。

（6）发挥学生会的作用，培养学生主人翁精神及参与意识，为学生会领导下的"六制"提供舞台。

二、画室管理规章制度

（1）师生严格遵守授课时间，不得迟到早退。

（2）严禁在专业课时间串画室、回教室或办其他事情。

（3）爱护画室一切公共设施及个人物品，保持画室内整洁卫生，严禁吸烟、吃零食。

（4）文化课上课期间严禁进入画室或将其他人员带入画室。

（5）专业教师上课期间禁止接打电话或接待其他客人。

（6）上课期间专业教师不许中途回办公室或办理其他事情。

（7）专业教师有义务对画室的文化建设，画室的安全、卫生负责。

三、音乐学生琴房使用制度

（一）琴房使用要求

（1）琴房开放时间：早：5：50～6：30

午：11：20～13：10

晚：17：00～18：20

（2）排琴房时不准代替他人挂琴房领取钥匙。

（3）使用琴房时不准擅自离开或提前退琴房，在琴房和走廊内打闹停三天。

（4）使用琴房是一人一房制，不准其他人入内（允许他人入内停琴3天），练琴或练声时须关门，室内他人小件器乐不准擅自动用（动用者损坏个人赔偿）。

（5）在琴房内做与练琴无关事情的（如吃零食、闲聊等），停琴房三天。

（6）琴点结束后必须盖好琴盖、关好灯、关好窗户、锁好门、带好个人物品（如损坏丢失责任自负）方可离开（违反规定者停琴房3天）。

（7）琴房排满时，小件乐器须给练钢琴或练声乐的学生让琴房，小件乐器学生可把乐器拿到琴房外练习，算琴点。

（8）琴房不满时第二个琴班无人，经琴房管理人员同意，第一个琴班的学生可在琴房继续练琴或练声，不再排其他人。

（9）琴房值日按各班安排执行，经检查不合格，当事人停练两天，查不到当事人停全组人员。

（10）损坏琴房设施（如钢琴、门、门锁、玻璃、灯具等）按学校规定赔偿，并停琴一天。

不是练琴时间破门而入者，包赔一切损失，并停琴房一周。

（二）琴房管理及处罚

（1）机关楼琴房管理及卫生由二年九班、二年十班、二年十一班负责，艺体楼琴房管理及卫生由一年八班、一年九班负责。

（2）凭证件领取钥匙方可使用，使用完毕换新锁或交新锁费和安装费20元，并停琴三天。

（3）琴房卫生承包到班、到人，不打扫卫生者或打扫不合格者、

物品摆放不整齐者，停琴三天。

（4）擅入其他琴房者，练琴时间串琴房者，停琴三天。

（5）在琴房内做与练琴无关事情的（如吃零食、闲聊等）停琴三天。

（6）练完琴后，不关窗、不关灯、不关门者，每项停琴三天。

（7）不是练琴时间破门而入者，包赔一切损失，并停琴一周。

（8）不是练琴时间在琴房楼道滞留、戏耍者，每人次扣2分，并停琴三天。

（9）损坏琴房设施（如钢琴、门、门锁、玻璃、灯具、灯管等）按学校规定赔偿，并停琴一天。

以上规定本着公平、公正、公开、实际的原则，如有违反以上规定者，按情节轻重做出该生停用琴房1～5天的处罚。望音乐专业学生严格遵守执行。

四、体育馆管理制度

（1）体育馆是学校体育教学、训练及比赛专用场所，由学校政教处集中管理。外单位借用体育馆，需报主管校长审批方可使用。

（2）所有进馆人员均须遵守体育馆的管理规定，服从体育馆管理员的管理。体育馆管理人员在政教处的领导下负责对管内的设备、器材、卫生、防火等进行统一管理。体育馆管理人员应严格履行管理职责，认真管理。

（3）所有进馆人员应严格遵守管理制度，严禁乱刻乱画，大声喧哗、追逐嬉闹，不得随地吐痰、乱抛纸屑、杂物及吐口香糖，违者罚款20～50元，并责令其恢复原样。

（4）在体育馆上课及训练的班级和运动队，由任课教师及教练制定安全及物品管理制度，按规定管理，确保其他教学、训练顺利进行。

（5）所有进馆人员应爱护体育馆内及各办公室的设施、器材和其他物品，如有人为损坏，照价赔偿并按学校有关规章处理。馆内器材概不外借并严禁在馆外使用。

（6）所有进馆人员应爱护室内的地板，严禁穿皮鞋、带有铁钉或铁掌的鞋进入体育馆，违者罚款50元，造成的磨损、破坏需按原样修复，并责令其立即退出。

（7）馆内严禁吸烟，严禁携带易燃、易爆物品及明火入馆，违者罚款100元。

（8）雨雪天在馆内上课，所有雨具必须放在门厅内，不得带入场馆内。

（9）体育馆管理人员负责检查每天早晚打扫馆内卫生，做到地面、楼梯整洁，地面无烟蒂、痰迹、瓜皮果壳及口香糖渣等，定期喷洒消毒药水，投放灭鼠药。保持厕所清洁卫生，无污渍、无异味。

（10）体育馆钥匙要严格管理，政教处掌握钥匙的数量，私配钥匙者大会批评并重罚。

五、使用音乐厅、体育馆安全制度

为确保师生在学校室内集会的人身安全，基于笔者所在学校音乐厅、体育馆为重大集会场所，特制定本制度。

（1）各部门在使用音乐厅、体育馆开展师生大型活动前，要认真检查厅或馆内的设施是否牢固；室内物品摆放是否有安全隐患；墙上的附着物、天棚悬挂物是否坚固。

（2）使用音乐厅时必须把前后大门打开，确保畅通无阻；使用体育馆必须把正门全部打开，两侧安全门打开，并安排专门人员看护大门。

（3）师生进入会场后，组织领导必须向师生讲明出现紧急情况，离开现场的方式、方法，并安排指定人员负责指定大门的出厅或馆的秩序。

（4）在厅或馆内禁止燃放礼花、爆竹；禁止吸烟。

（5）使用完厅、馆后，要切断电源，接受厅或馆负责人验收。

六、"校园之星"评选细则

依据校务例会精神，结合笔者所在学校实际情况，学生教育管理

出现了非常好的势头，在得到社会、家长普通认可的大好形势下，笔者所在学校涌现出了一批品学兼优、德才兼备的好学生，为了表彰先进，激励后进，将德育工作落到实处，把学生中的优秀分子评选出来，作为学生学习的榜样。为了使"校园之星"的评选活动做到公开、公正、透明，现将评选细则制定如下。

（一）组成评选小组

组长：金忠奇

成员：梁润辉、赵公宣、牛志录、李文才、卢学研、阚志学、张连军、桑伟、黄如想、各班班长、团支书及学生会骨干6人

（二）评选步骤及过程

（1）将各年级、班级上报的优秀学生进行第一轮评选，每一项只剩下5人；

（2）将12项平均分成4组，一组3项，利用中午或晚自习之前的时间，进行公开评选；

（3）在公开评选之前由申请的学生准备3分钟的演讲，之后分学生评和教师选两项，学生评的权重为0.7，教师评的权重为0.3，合计出该生的总得票数；

（4）审核、公布预选结果；

（5）对纳入预选名单的学生进行公示，公示时间为3天，公示期间对学生反映的问题一经查实，取消该生"校园之星"的资格。

（三）要求

（1）如有弄虚作假者，取消评选资格，并通报批评。所谓弄虚作假指演讲时所举事例不真实，有拉票现象等舞弊行为；

（2）每位优秀学生的三分钟演讲由参评者个人执笔，班主任把关，演讲内容应以事实为依据，举自身实际的先进事例为主，不要大而空，将表现突出的地方展示在评委面前；

（3）所有评委要按时参加，时间另行通知。

（四）表彰

（1）本学期评选之后，在大屏幕上公布结果；

（2）下学期开学初开表彰大会，"校园之星"在假期写好优秀感言和事迹材料，各年级对本年级评选上的"校园之星"组织人力进行典型事迹总结整理；

（3）所评"校园之星"将在校园内专辟宣传专栏，大力宣传他们的先进事迹，同时还会在石油高中报、大庆教育报、其他的报纸或电视台进行宣传；

（4）在石油高中的学生中掀起学习的高潮，学习身边人、身边事，将德育教育具体化、鲜活化。

希望各年级、各班级重视起来，将真正优秀的学生推选出来，引导学生向健康向上的方向发展，牵引有不良习惯的学生革弊推新，尽快成人成才，为自己、他人、家庭、社会争光。

七、政教处值周制度

（1）值周检查时间。早6：45到校查学生违纪及迟到，间操组织学生会学生对各班考核，中午检查通校证到12：00，晚上放学查通校证，17：30带领值周生到院内巡查到18：30，如有紧急情况随时安排。

（2）值周检查记录簿。要及时添写，写明班级、姓名、事件过程及处理意见，每天一登记，一个月一汇总，以便各年级、各班主任查询，不许丢失记录簿。

（3）值周教师要认真负责，认真处理学生违纪事件，同时也将学生中的好人好事及各班级的临时任务记录清楚，以便汇总时用。

（4）要求值周生认真负责，仪容仪表要起到表率作用，检查到位。及时提供学生中的信息，以便将重大违纪事件消灭在萌芽状态。

（5）每周周一9：10分至9：30分值周人员进行交接并接受培训。

八、校园环境、教室环境管理条例

为进一步加强校园环境的管理，创造良好的育人环境，保证教育

教学活动的正常进行，根据国家教委 1992 年 19 号文件《关于颁发＜中小学校园环境管理的暂行规定＞的通知》精神，结合笔者所在学校的实际情况，制定《校园环境、教室环境管理条例》，从公布之日起实行。

（一）关于校园环境管理规定

（1）全体学生作为学校主体，要自觉维护校园环境的整洁，爱护校园内的一切公共设施，爱惜和保护校园内的绿地、花草、树木等；自觉维护良好秩序，保持楼内肃静，在楼内严禁追跑打闹、喧哗和不宜进行的文体活动。

（2）全体师生要讲文明、讲礼貌、讲道德，在校内第一次见到老师、来宾、同学要主动问好；离校时要与老师、同学道别；要敬长尊师，诚实可信，友爱互助，礼貌谦让。

（3）各班所负责校园环境卫生区在每日 7：00 前打扫干净。做到：水泥路面无渣土、无废弃物、无痰迹；绿地内、花池内等无废弃物；清扫出的垃圾灰土不要倒进雨水口或下水管口。人人注意自觉维护校园环境卫生，要养成不乱扔废弃物的习惯。各班值日同学每日对负责的环境卫生区做两次保洁。

（4）校园内不经政教处批准，任何部门或个人不得张贴宣传品、广告、示意图等。不得在建筑物上乱刻乱写乱画。如损坏公物要及时主动向后勤或政教处说明原因，并照章赔偿；故意破坏公物或损坏公物不报者，除照章赔偿外，视情节轻重给予处罚或纪律处分。对故意破坏校园环境、设施的不良现象，全体师生员工都有权劝阻、制止或向学校有关部门报告。对敢于向违章违纪、破坏公物等不良行为进行劝阻、制止或向学校报告的同学要给予表扬奖励。

（5）学生的服装作为文明校园的一部分，应当与优美、整洁、清新的校园环境相协调。全体学生要按照学校规定穿校运动服，不统一要求穿校运动服时，着装要符合中学生的年龄特点和中学生身份，着装整洁大方，男生不留长发，女生不留披肩发，不穿高跟鞋，不化妆，不烫发，不戴首饰。

（6）骑车的同学要把自行车存放在自行车棚内，不要在校园内、楼道内乱停乱放自行车，校内全天禁止任何人骑车穿行。要经常检查自行车铃、闸、锁、支架是否有效可靠。出校门要注意往来车辆、人员，保证安全，不出交通事故。

（7）禁止课间随意出校内。如有特殊情况需离校时应有班主任开的证明或有政教处证明，方可离校。要自觉主动接受校门卫的检查，并进行离校原因登记。未经允许不带外人进入校园。

（二）教室环境管理规定

（1）教室的门窗、玻璃、墙壁、照明用具、广播、电视、电教器材、窗帘、黑板、桌椅、卫生用具等及其他室内设施每学期开学前由学校后勤配置完毕后进行教室财产登记，班主任签收，学生明确分工，责任到人，定时检查核对。发现损坏丢失应及时查找原因，并报后勤。教室无人时要及时关灯、关窗、锁门，防止丢失物品。调换教室时要认真进行检查验收，履行交接手续。未经学校批准，各班无权将教室外借。

（2）教室内的公物丢失或损坏，由班级或当事者负责赔偿，同时可视情节轻重，给予班级、当事者批评或纪律处分。公物等属于自然损坏，质量原因应及时报告后勤查验，以便调换或维修。各班应成立公物维修小组（学雷锋小组方式），鼓励学生自己动手维护公物，延长其使用年限，对有突出事迹的学生在班级、年级、学校内应大力表扬或给予奖励。

（3）教室环境卫生标准

清扫地面，走廊时，适量洒水，先扫后拖。地面干净无灰土，无纸屑，露出原有地面光泽。

桌椅摆放整齐、无灰土、无污迹、无刻画。讲台桌干净整洁，讲台桌内不放置与教学无关的物品。

黑板干净，无乱画乱写，板槽内无粉尘、无杂物。

窗户、暖气片上不要摆放东西，做到无灰土，暖气片后无杂物。

教室内无卫生死角。

教室墙壁无灰土、无球印、无污迹，墙壁上不乱贴。

卫生工具摆放整齐，教室内无杂乱物品，多余桌椅，物品及时上交后勤。

教室前黑板右侧统一挂《中学生守则》《课程表》《作息时间》。

九、运动会安全工作制度

学校田径运动会是全校师生共同参与的大型集会活动，大会准备工作中或进行工作中常有不安全事件及突发性的安全事故发生，为确保学校田径运动会在热烈、欢快、安全、有序中进行，特制定本安全制度。

（1）在运动会召开之前，大会组织会要召开大会工作人员，班主任安全工作会议，对安全工作进行详细安排和部署。校安全领导组织监督、审查。

（2）学生做准备练习时，班主任教师要经常提醒学生注意安全，并要经常到现场检查、监督。投掷项目场地，如标枪、铁饼、手指弹、铅球、跳高场地由体育教研组设专人负责。

（3）体育教研组在运动会开始之前，对运动器械进行严格检查，确保每一器械坚固耐用。

（4）投掷组要依据项目设立与项目数相等或大于项目数安全员，严格按投掷安全要求操作。

（5）各班级选拔运动员，要求身体健康、无重大病史，班主任老师严格把关。

（6）校医室要准备充足的药品和医疗器械，校医要与社区医疗单位建立好联系，确保外援畅通。

（7）校医要全天候地守在运动现场，并要设立明显标志。

（8）保卫科自始至终地在场内、场外进行巡逻检查，对校外观众重点监视，发现可疑人做好盘问、跟踪工作，严控打仗斗殴，校外人

员伤师生事件发生。

十、举办师生大型集合活动安全制度

为确保学校举办师生大型集会教育活动中师生的生命安全，根据上级业务部门要求，针对笔者所在学校安全工作实际，特制定本制度。

（1）学校各部门组织师生大型集会教育活动，在前期准备工作中必须把保障师生生命安全措施落实到位，熟悉安全应急预案。

（2）师生大型集会活动前，组织部门领导要向学校安全领导小组汇报举办活动的时间、地点、参加年级学生人数，安全保障措施，经批准方可实施。

（3）学校安全领导小组在批准组织单位实施前，要对活动场所进行认真考察，结合场所的实际情况，对保障措施进行认真的审核、分析、完善，存在重大安全隐患，禁止举办大型集会活动。

（4）大型集会活动安保措施要努力做到严密、周到、可靠、可操作。

（5）大型活动进行之前，组织部门领导要向全体参会师生讲清本次活动可能出现的不安全因素，规避方法。

（6）开展校外大型活动，如社会实践、教育基地参观、公益劳动等，组织部门必须在学生出校前对学生进行安全教育，学校安全领导小组要与社会组织部门及有关部门沟通协商，通力合作，努力做到万无一失。

（7）任何部门或个人不许随意组织师生大型集会活动。安全措施不落实或不向安全领导小织汇报，擅自举办大型活动，取消其组织者的资格，并给予相应的经济处罚。

十一、课间操管理暂行条例

第一章　总则

第一条　认真贯彻党的德、智、体、美、劳全面发展的教育方针及《中学体育卫生工作条例》，全面提高学生身体健康素质。

第二条　培养学生积极健体的意识，自觉地、主动地，掌握健体知识、要领。

第三条　培养学生团队精神、纪律观念、集体荣誉感；培养学生雷厉风行的作风，做事认真务实的态度，不畏艰难，战胜困难的勇气。

第四条　创石油高中体育教育特色，向全体学生及社会展示石油高中学生风貌，争创国家一流的体育工作示范学校。

第二章　管理

（一）组织

第五条　政教处主抓。政教处与教务处、艺体处、体育教研室齐抓共管。

第六条　政教处协调两处管理主任抓好班主任对班级课间操的管理。

第七条　体育教研室负责课间操学生队伍的组织，领操员的落实，广播操知识要领的传授、广播带的播放，广播操的升级；体育教师要分片包干，负责学生上课间操期间的管理及要求。

第八条　两处管理主任侧重于所在处的班级学生出席、集合，做操态度、列队的管理。

第九条　课间操程序：集合—做广播体操—集合—班级风貌展示。（班级风貌展示，在操场建设完进行）。

（二）班主任

第十条　抓好课间操是班主任工作中一项重要工作。班主任要对本处的管理主任负责，对班级上课间操工作给予高度重视，认真抓好本班学生课间操工作。

第十一条　班主任要准时到操场组织班级学生队伍，在准备乐曲停止前，把本班级学生队伍组织完成。

第十二条　班主任要抓好两头带中间，把排头的站位组织好，然后深入队伍深处至排尾，让学生做到站位标准，站姿规范。

第十三条　队伍整合完成，班主任要清点本班学生出操人数，

落实未参加出操学生的原因，并对无故不出操学生按班规进行教育处理。

第十四条　学生的上操态度，做操质量班主任负全责，教育帮助指导学生高质量完成体操任务。

第十五条　班主任必须参加课间操的组织管理工作，除公出（出校参加教研活动）外，不得以做其他工作为由，占用间操的组织管理工作。

第十六条　列队归班，要求每班站成四列纵队，以各种变换形式整齐划一进入楼内。

第十七条　有班歌的班级，在归班途中唱班歌，暂无班歌的班级，在归班途中唱军歌或喊口号。

第十八条　班主任要随班级队伍进入楼内，不许在中途退场或离开班级队伍。

（三）学生

第十九条　课间操每班留一人值日，除小记者社团、值周学生外，每位学生必须参加课间操，特殊情况（骨折、伤筋骨）经校医鉴定后，方可留在室内。

第二十条　第二节下课后，每位学生要迅速地到运动场准备上操。

第二十一条　禁止利用课间操时间，以取水、取信、打电话、上厕所、值日、看屋、身体不适等为由不上操。

第二十二条　集合要做到快、静、齐，自觉找准位置，听从指挥，禁止插兜、说话、做小动作。

第二十三条　做操过程中，动作要规范、舒展、流畅，精神饱满。

第二十四条　体委要认真负责，协助班主任老师督促本班学生出操，组织好班级学生队伍。

第二十五条　每年的三月中旬的第三周至九月中旬的第二周的周末，学生必须穿校服上操。

第二十六条　禁止穿高跟鞋、"鸡肠"裤等不符合要求的服装上操。

第三章　考核

第二十七条　政教处负责对班主任抓课间操履行责任情况及班级学生出操情况进行考核；两处管理主任协助政教处对本处班级学生的集合、做操态度、出席人数进行管理。考核成绩纳入班主任及班级考核成绩中。

十二、对学生违纪行为处理的规定

为保证正常的教育教学秩序，维护广大学生的利益，经校务会研究通过，规定如下。

（1）男女同学有过格行为，如亲昵、拥抱，勒令退学。

（2）男女同学在无人区或在食堂单间、食杂店单独在一起，家长领回并停课一周，第二次勒令退学。

（3）男女同学交往（校内或校外）过密，给予警告并通知家长，第二次家长领回停课一周，第三次勒令退学。

（4）恃强凌辱、欺负同学，警告后不悔改，勒令退学。

（5）钻、跳围栏、入校园给予记过处分，并通报全校，上交修复费100元。

（6）进游戏厅、舞厅、卡拉OK厅、网吧、台球室给予记过处分，并由家长交爱心费200元，第二次勒令退学。

（7）住校生夜不归寝、通校生夜不归家，给予记过处分，并家长到校交保证金1 000元，第二次勒令退学，保证金不返还。

（8）吸烟、喝酒给予记过处分，并由家长交爱心费200元。

（9）跳窗逃寝，开除学籍。

（10）勾结校外人员到校打人、斗殴、滋事、干扰正常教学秩序，勒令退学。

（11）通校生留宿学校视为夜不归家；顶替他人住宿者，视为夜不归寝，并上交住宿费 100 元。

（12）住校生串寝住宿，视为夜不归寝。

（13）通校生把校签及通校证借给他人，取消通校资格并给予记过处分。

（14）打仗斗殴，主要责任者，勒令退学。

（15）携带手机，没收销毁并给予记过处分。

（16）往窗外抛扔东西，负责清扫楼周围卫生一周。

（17）通校生请假离开只能走正大门（校保卫科处），走其他门（浴池门、三食堂门、校南北大门，按跳墙对待。

（18）破坏公物加倍赔偿，并给予记过处分，情节严重开除学籍。

（19）对老师不礼貌，不服从教育，勒令退学。

（20）入学开始累计旷课 24 节，勒令退学。

说明：以上规定如不做改动，将延用。

十三、学生请病事假的规定

为确保教育教学质量的不断提高，确保每一名学生的学习不断进步，特制定本规定。

（1）学生在学习过程中，请事假出校，需家长来校或打电话说明情况方可给假。

权限：一天以内（含一天），班主任审批；两天以内（含两天）部门主任审批；两天以上部门校级领导审批。

（2）出校买取东西（包括学习用品），一律不许请事假，班主任不准给事假。

（3）在事假过程中，需续假，须家长亲自来校续假。

（4）捎假按旷课处理。

（5）在学习过程中，请病假须经校医鉴定，原则上高烧、急救方可请假、给假。

权限：病假，班主任在校医建议下审批两天以上病假，学生返校

后，出具诊断书，部门主任签字备案。

（6）学生病假过程中续假，须家长到校出具诊断材料，方可续假。

（7）学生捎病假，按旷课处理。

（8）急病需到医院救治。由班主任或值班领导审批，特殊情况下，任课教师视病情准假，安排护送的学生由给假者（领导、老师）定夺。

（9）班主任、任课教师把好关口，避免小病大养、无病呻吟准假，鼓励培养学生"轻伤不下火线"、坚韧不拔、战胜自我的学习精神。

（10）批准学生病假后，给假领导、老师应电告家长，出具出校假条。

（11）外出学习专业课请假，需经专业课老师与班主任批准，签发学习地点返校时间通行证，方可出校。

（12）出大庆地区学习专业课请假，必须家长到校请假，专业课老师与班主任上报部门领导审批，并做好学习地点、出校时间、返校时间登记备案。

望班主任、任课教师认真执行本规定，把好请事、病假关口，为每名学生学习、安全负责，杜绝不该请事、病假的学生离校。

十四、杜绝师生伤害事故发生的规定

学生是祖国的未来，是社会主义现代化建设事业的接班人，加强对青少年保护，为他们成长提供良好的条件，是学校领导和师生员工义不容辞的职责。为此，要求学校严格管理，明确职责，确保安全，杜绝师生伤害事故的发生。

（1）教师在对学生施教过程中，要加强对学生的安全教育与科学管理，不得随意停止学生上课，不得责令学生在校期间回家找家长来校，或让学生出校办理事务，如因此发生学生伤害事故，要追究有关教师的责任。

（2）体育教师在课堂教学、课外活动中要加强对学生安全教育和安全防范措施，并按规定对学生活动给予保护，否则，发生伤亡事故，要追究有关教师的责任。

（3）教师在组织学生外出活动，需经学校批准，并在活动中精心组织，确保安全，如因组织不力，管理不善造成伤害，有关部门及教师须承担责任。

（4）学生在劳技教学、实验教学操作中，教师及实验员应对学生进行使用器材的安全教育，防止火灾、触电、烫伤、腐蚀等伤害事故发生，如因教育及管理措施不力，有关教师及实验员负有责任。

（5）加强校舍维护及安全使用检查，防止因围墙，设施门窗房屋等倒塌及电器故障造成学生伤害，除自然灾害因素外，因检查排除险情不力，造成事故要追究有关管理部门及人员责任。

（6）校园内禁止外单位及家长的汽车、摩托车驶入，家长及来访者车辆在校门口指定区域停放，教师及学生自行车在校内按指定位置绕道行驶，不得在主道及操场上骑车，门卫及有关人员须严格管理。

（7）加强电路维修保养，防止火灾事故发生，如因修缮不及时违章接电和使用电器造成学生伤害事故，由有关部门及电工负责。

（8）加强食堂及外购食品的卫生管理，防止食物中毒，否则应追究当事人及有关人员的责任。

（9）医务人员要加强对学生的医疗保健，防止流行病在校内发生。

以上决定希望各部门、各年级组和教职员工认真执行，并由学校与部门、部门与有关教职员工层层签订责任书，明确岗位职责。

十五、学生在校期间违纪责任追究制度

（1）学生因病因事不能上课，班主任老师必须出示假条一式两份，一份交给学生作为出入校园的凭证，一份留在班级由科任老师检查，并记好班务日志（无班务日志的请马上备好），同时与学生家长取得联系。

（2）任课教师在上课前要认真清点核对班级人数，对不在课堂的学生弄清原因及去向，任课教师填好班务日志，及时汇报给班主任。

（3）对无故不上课的学生，任课教师要与班主任一道进行落实，必要时及时与学生家长、年级长、两处主管主任或主管校长汇报。

（4）学生逃学在外给学校造成不良影响的，视情节给予警告、记过、留校察看、开除学籍等处分，标准可参照该生日常班级量化考核分数进行，除开除学籍外，均要和家长签订协议书。

（5）各食堂、各超市、浴池等在上课期间不许学生停留，一旦查实1人次扣50元，如看电视或聚会等，严谨学生与外雇人员有过深交往。

（6）文化课、体育课、专业课均不允许提前放学，任课教师认真遵守上课秩序。提前候课并填写班务日志，规范自己的教学行为，形成良好的授课习惯。

（7）音乐专业课，除排上琴房练琴和在专业老师处上课的学生外，其他无琴点和非专业老师上课的学生应在班级准备上课或上自习，希望班主任老师和专业课老师严格管理，计入班级量化考核范畴。

（8）学生逃学任课老师未发现的扣奖金50～100元，两处值班领导检查未发现的扣值班人50～100元，逃学学生从校门出入校园大门值班人员未发现或未制止的扣100～200元。

希望全校教职员工积极行动起来，严抓严管，进一步规范教育教学，每一位职工都是教育者和管理者，发现违纪学生都有责任、有义务、有权利进行管理、制止和教育，使学校的全员管理水平再上新台阶。

十六、学生伤害事故处理办法

第一章　总则

第一条　为积极预防、妥善处理在校学生伤害事故，保护学生、学校的合法权益，根据《中华人民共和国教育法》《中华人民共和国未成年人保护法》和其他相关法律、行政法规及有关规定，制定本办法。

第二条　在学校实施的教育教学活动或者学校组织的校外活动中，

以及在学校负有管理责任的校舍、场地、其他教育教学设施、生活设施内发生的，造成在校学生人身损害后果的事故的处理，适用本办法。

第三条　学生伤害事故应当遵循依法、客观公正、合理适当的原则，及时、妥善地处理。

第四条　学校的举办者应当提供符合安全标准的校舍、场地、其他教育教学设施和生活设施。

教育行政部门应当加强学校安全工作，指导学校落实预防学生伤害事故的措施，指导、协助学校妥善处理学生伤害事故，维护学校正常的教育教学秩序。

第五条　学校应当对在校学生进行必要的安全教育和自护自救教育；应当按照规定，建立健全安全制度，采取相应的管理措施，预防和消除教育教学环境中存在的安全隐患；当发生伤害事故时，应当及时采取措施救助受伤害学生。

学校对学生进行安全教育、管理和保护，应当针对学生年龄、认知能力和法律行为能力的不同，采用相应的内容和预防措施。

第六条　学生应当遵守学校的规章制度和纪律；在不同的受教育阶段，应当根据自身的年龄、认知能力和法律行为能力，避免和消除相应的危险。

第七条　未成年学生的父母或者其他监护人（以下称为监护人）应当依法履行监护职责，配合学校对学生进行安全教育、管理和保护工作。

学校对未成年学生不承担监护职责，但法律有规定的或者学校依法接受委托承担相应监护职责的情形除外。

第二章　事故与责任

第八条　学生伤害事故的责任，应当根据相关当事人的行为与损害后果之间的因果关系依法确定。

因学校、学生或者其他相关当事人的过错造成的学生伤害事故，相关当事人应当根据其行为过错程度的比例及其与损害后果之间的因果关系承担相应的责任。当事人的行为是损害后果发生的主要原因，

应当承担主要责任；当事人的行为是损害后果发生的非主要原因，承担相应的责任。

第九条　因下列情形之一造成的学生伤害事故，学校应当依法承担相应的责任：

（一）学校的校舍、场地、其他公共设施，以及学校提供给学生使用的学具、教育教学和生活设施、设备不符合国家规定的标准，或者有明显不安全因素的；

（二）学校的安全保卫、消防、设施设备管理等安全管理制度有明显疏漏，或者管理混乱，存在重大安全隐患，而未及时采取措施的；

（三）学校向学生提供的药品、食品、饮用水等不符合国家或者行业的有关标准、要求的；

（四）学校组织学生参加教育教学活动或者校外活动，未对学生进行相应的安全教育，并未在可预见的范围内采取必要的安全措施的；

（五）学校知道教师或者其他工作人员患有不适宜担任教育教学工作的疾病，但未采取必要措施的；

（六）学校违反有关规定，组织或者安排未成年学生从事不宜未成年人参加的劳动、体育运动或者其他活动的；

（七）学生有特异体质或者特定疾病，不宜参加某种教育教学活动，学校知道或者应当知道，但未予以必要的注意的；

（八）学生在校期间突发疾病或者受到伤害，学校发现，但未根据实际情况及时采取相应措施，导致不良后果加重的；

（九）学校教师或者其他工作人员体罚或者变相体罚学生，或者在履行职责过程中违反工作要求、操作规程、职业道德或者其他有关规定的；

（十）学校教师或者其他工作人员在负有组织、管理未成年学生的职责期间，发现学生行为具有危险性，但未进行必要的管理、告诫或者制止的；

（十一）对未成年学生擅自离校等与学生人身安全直接相关的信息，学校发现或者知道，但未及时告知未成年学生的监护人，导致未成年

学生因脱离监护人的保护而发生伤害的；

（十二）学校有未依法履行职责的其他情形的。

第十条　学生或者未成年学生监护人由于过错，有下列情形之一，造成学生伤害事故，应当依法承担相应的责任：

（一）学生违反法律法规的规定，违反社会公共行为准则、学校的规章制度或者纪律，实施按其年龄和认知能力应当知道具有危险或者可能危及他人的行为的；

（二）学生行为具有危险性，学校、教师已经告诫、纠正，但学生不听劝阻、拒不改正的；

（三）学生或者其监护人知道学生有特异体质，或者患有特定疾病，但未告知学校的；

（四）未成年学生的身体状况、行为、情绪等有异常情况，监护人知道或者已被学校告知，但未履行相应监护职责的；

（五）学生或者未成年学生监护人有其他过错的。

第十一条　学校安排学生参加活动，因提供场地、设备、交通工具、食品及其他消费与服务的经营者，或者学校以外的活动组织者的过错造成的学生伤害事故，有过错的当事人应当依法承担相应的责任。

第十二条　因下列情形之一造成的学生伤害事故，学校已履行了相应职责，行为并无不当的，无法律责任：

（一）地震、雷击、台风、洪水等不可抗的自然因素造成的；

（二）来自学校外部的突发性、偶发性侵害造成的；

（三）学生有特异体质、特定疾病或者异常心理状态，学校不知道或者难于知道的；

（四）学生自杀、自伤的；

（五）在对抗性或者具有风险性的体育竞赛活动中发生意外伤害的；

（六）其他意外因素造成的。

第十三条　下列情形下发生的造成学生人身损害后果的事故，学校行为并无不当的，不承担事故责任；事故责任应当按有关法律法规或者其他有关规定认定：

（一）在学生自行上学、放学、返校、离校途中发生的；

（二）在学生自行外出或者擅自离校期间发生的；

（三）在放学后、节假日或者假期等学校工作时间以外，学生自行滞留学校或者自行到校发生的；

（四）其他在学校管理职责范围外发生的。

第十四条　因学校教师或者其他工作人员与其职务无关的个人行为，或者因学生、教师及其他个人故意实施的违法犯罪行为，造成学生人身损害的，由致害人依法承担相应的责任。

第三章　事故处理程序

第十五条　发生学生伤害事故，学校应当及时救助受伤害学生，并应当及时告知未成年学生的监护人；有条件的，应当采取紧急救援等方式救助。

第十六条　发生学生伤害事故，情形严重的，学校应当及时向主管教育行政部门及有关部门报告；属于重大伤亡事故的，教育行政部门应当按照有关规定及时向同级人民政府和上一级教育行政部门报告。

第十七条　学校的主管教育行政部门应学校要求或者认为必要，可以指导、协助学校进行事故的处理工作，尽快恢复学校正常的教育教学秩序。

第十八条　发生学生伤害事故，学校与受伤害学生或者学生家长可以通过协商方式解决；双方自愿，可以书面请求主管教育行政部门进行调解。成年学生或者未成年学生的监护人也可以依法直接提起诉讼。

第十九条　教育行政部门收到调解申请，认为必要的，可以指定专门人员进行调解，并应当在受理申请之日起 60 日内完成调解。

第二十条　经教育行政部门调解，双方就事故处理达成一致意见的，应当在调解人员的见证下签订调解协议，结束调解；在调解期限内，双方不能达成一致意见，或者调解过程中一方提起诉讼，人民法院已经受理的，应当终止调解。调解结束或者终止，教育行政部门应当书

面通知当事人。

第二十一条　对经调解达成的协议，一方当事人不履行或者反悔的，双方可以依法提起诉讼。

第二十二条　事故处理结束，学校应当将事故处理结果书面报告主管的教育行政部门；重大伤亡事故的处理结果，学校主管的教育行政部门应当向同级人民政府和上一级教育行政部门报告。

第四章　事故损害的赔偿

第二十三条　对发生学生伤害事故负有责任的组织或者个人，应当按照法律法规的有关规定，承担相应的损害赔偿责任。

第二十四条　学生伤害事故赔偿的范围与标准，按照有关行政法规、地方性法规或者最高人民法院司法解释中的有关规定确定。教育行政部门进行调解时，认为学校有责任的，可以依照有关法律法规及国家有关规定，提出相应的调解方案。

第二十五条　对受伤害学生的伤残程度存在争议的，可以委托当地具有相应鉴定资格的医院或者有关机构，依据国家规定的人体伤残标准进行鉴定。

第二十六条　学校对学生伤害事故负有责任的，根据责任大小，适当予以经济赔偿，但不承担解决户口、住房、就业等与救助受伤害学生、赔偿相应经济损失无直接关系的其他事项。学校无责任的，如果有条件，可以根据实际情况，本着自愿和可能的原则，对受伤害学生给予适当的帮助。

第二十七条　因学校教师或者其他工作人员在履行职务中的故意或者重大过失造成的学生伤害事故，学校予以赔偿后，可以向有关责任人员追偿。

第二十八条　未成年学生对学生伤害事故负有责任的，由其监护人依法承担相应的赔偿责任。

学生的行为侵害学校教师及其他工作人员以及其他组织、个人的合法权益，造成损失的，成年学生或者未成年学生的监护人应当依法予以赔偿。

第二十九条　根据双方达成的协议、经调解形成的协议或者人民法院的生效判决，应当由学校负担的赔偿金，学校应当负责筹措；学校无力完全筹措的，由学校的主管部门或者举办者协助筹措。

第三十条　县级以上人民政府教育行政部门或者学校举办者有条件的，可以通过设立学生伤害赔偿准备金等多种形式，依法筹措伤害赔偿金。

第三十一条　学校有条件的，应当依据保险法的有关规定，参加学校责任保险。

教育行政部门可以根据实际情况，鼓励中小学参加学校责任保险。

提倡学生自愿参加意外伤害保险。在尊重学生意愿的前提下，学校可以为学生参加意外伤害保险创造便利条件，但不得从中收取任何费用。

第五章　事故责任者的处理

第三十二条　发生学生伤害事故，学校负有责任且情节严重的，教育行政部门应当根据有关规定，对学校的直接负责的主管人员和其他直接责任人员，分别给予相应的行政处分；有关责任人的行为触犯刑律的，应当移送司法机关依法追究刑事责任。

第三十三条　学校管理混乱，存在重大安全隐患的，主管的教育行政部门或者其他有关部门应当责令其限期整顿；对情节严重或者拒不改正的，应当依据法律法规的有关规定，给予相应的行政处罚。

第三十四条　教育行政部门未履行相应职责，对学生伤害事故的发生负有责任的，由有关部门对直接负责的主管人员和其他直接责任人员分别给予相应的行政处分；有关责任人的行为触犯刑律的，应当移送司法机关依法追究刑事责任。

第三十五条　违反学校纪律，对造成学生伤害事故负有责任的学生，学校可以给予相应的处分；触犯刑律的，由司法机关依法追究刑事责任。

第三十六条　受伤害学生的监护人、亲属或者其他有关人员，在

事故处理过程中无理取闹,扰乱学校正常教育教学秩序,或者侵犯学校、学校教师或者其他工作人员的合法权益的,学校应当报告公安机关依法处理;造成损失的,可以依法要求赔偿。

第六章 附则

第三十七条 本办法所称学校,是指国家或者社会力量举办的全日制的中小学(含特殊教育学校)、各类中等职业学校、高等学校。本办法所称学生是指在上述学校中全日制就读的受教育者。

第三十八条 幼儿园发生的幼儿伤害事故,应当根据幼儿为完全无行为能力人的特点,参照本办法处理。

第三十九条 其他教育机构发生的学生伤害事故,参照本办法处理。

在学校注册的其他受教育者在学校管理范围内发生的伤害事故,参照本办法处理。

第四十条 本办法自 2002 年 9 月 1 日起实施,原国家教委、教育部颁布的与学生人身安全事故处理有关的规定,与本办法不符的,以本办法为准。

在本办法实施之前已处理完毕的学生伤害事故不再重新处理。

第五节 教学奖励制度

一、教育教学科研成果奖励试行细则

第一条 为鼓励取得教育、教学科研成果的集体和个人,鼓励教育工作者从事教育教学研究,提高教学水平和教育质量,制定本条例。

第二条 本条例所称教育教学科研成果,是指能反映教育教学规律,具有独创性、实用性,对提高教学水平和教育质量,产生明显效果的教学方案、教育教学论文,各类教育教学学会、团体承认并授予的各级别荣誉称号的论文、作品（包括多媒体课件）。

第三条　学校内所有教职工，均可依照本条例的规定申请教育教学科研成果奖。

第四条　每学年度征集申报的时间范围是：上年 8 月 1 日至下年的 7 月 31 日内所取得的科研成果。

第五条　评奖标准。按科研成果对提高教学水平和教育质量的作用，尤其是可操作性、前瞻性及荣誉级别等综合评定，分为特等、一、二、三等及优秀奖。授予相应的证书并颁发奖金。大奖特等奖，重奖一等奖（奖金数额因年度情况另定）。

第六条　各种奖次申报条件。

具备下列条件之一者，可申报特等奖。

（1）承担学校省级以上教研课题，验收合格并获省级一等奖、国家级三等奖（包括三等）以上者。

（2）科研项目属国家"九五"科研规划项目，成绩显著、获国家"九五"教育科研项目三等奖（包括三等）以上者。

（3）自己独创、历时一个周期（三年）实验，效果显著取得国家级教育科研立项。

（4）多媒体软件开发、获国家教育部教育软件开发专利号并公开出版发行。

具备下列条件之一者，可申报一等奖。

（1）承担市、局教育中心以上教研课题、经验收合格并获三等奖以上的（包括三等）。

（2）实施并操作一年以上，有明显效果并有详细的实验记录。

（3）校内首创、在同行业中位于前例，有一定影响的。

（4）论文发表在国家级（包括重点院校的学报）刊物上或论文、作品获国家一、二、三等奖的。

不具备上述条件的，可申报下一级奖次。

第七条　获得教学科研成果奖的，记入本人考绩业务档案，作为评定职称、晋级增薪、考评聘任的重要依据。

第八条 弄虚作假或剽窃他人教学成果而获奖的，一经查出，收回奖金、证书，并给予严肃处理。

第九条 成立教育教学科研成果考评小组，由学校教育科研室实施操作。

第十条 申报手续：证书复印件，省市科研项目的立项报告，实验计划，总结报告等。

二、教师奖惩制度

（1）学校每学期按各部门人数的15％分配指标评选校先进工作者，每个年组评两个先进班，先进班的班主任为校先进班主任，学校予以奖励。

（2）对在市级或市级以上单位组织竞赛活动取得前三名、上公开课、发表优秀论文和刊登稿件的，学校予以奖励。

（3）对指导学生参加各科竞赛进入市前三名，省取上名次的教师，指导学生参加科普小制作、小发明等在市级或市级以上获奖的教师，学校予以奖励。

（4）高三的升学考试取得较好成绩时，学校对任课教师予以奖励。

（5）对参加市运动会及市级其他比赛取得较好成绩时，学校对体育教师予以奖励。

（6）对维护学校教学秩序，保护学生和设施安全有功的教师，学校予以奖励。

（7）对超工作量和做出重要贡献的教职工学校予以奖励。

（8）对因工作失职造成教学上的损失，使学校受到不良影响的教师，学校予以处分。

（9）对失职造成学校财产损失和学生人身损伤的教师，学校予以处分。

（10）上级及学校有关规定，破坏学校团结的教师，学校予以处分。

（11）规定、工作失职给学校造成不良影响的教职工学校给予

处分。

（12）奖惩均由各部门承报，校长审批，班子会议通过。

三、学校"学科首席教师"评选方案（试行稿）

（一）指导思想

教师队伍建设关系到学校发展进程、发展水平的决定性因素，是学校的发展之基、竞争之本、提高之源。经过十余年不懈努力奋斗笔者所在学校教师队伍已取得了令人瞩目的成绩，涌现出一批师德修养高、教育观念新、业务素质强的名师、骨干教师和优秀教师，他们为学校发展做出了很大贡献。学校领导班子在认真分析了笔者所在学校教师队伍目前现状后，认为有必要进一步分清教师队伍建设的层次性，引导教师向专业性发展、向更高层次发展，激发教师追求自我超越、自我完善；有必要进一步创新人才选拔、激励、管理机制，为优秀人才创造良好的成才环境，以充分发挥他们的引领示范作用。为此学校决定实行学科首席教师制。学科首席教师制是根据笔者所在学校教育发展战略对在学校一线任教的优秀教师进行级别冠名的一项制度。它的实施必将对教师队伍素质的整体提高、对学校的可持续发展起到积极的推动作用。

（二）评选原则

（1）坚持优中选优，宁缺毋滥的原则。

（2）坚持注重工作实绩的原则。

（3）坚持评选重点为一线骨干教师的原则。

（4）坚持公开、公平、公正的原则。

（三）评选标准

（1）忠诚教育事业，热爱学校，热爱工作，热爱学生；师德好，以身作则，为人师表；乐于奉献，团结协作精神好，全局观念强。学生评价好，家长认可度高。

（2）有强烈的事业心和责任感，工作认真负责，勤恳踏实，在教育教学工作中，成绩突出，得到同行公认。

（3）对任教学科有系统的、坚实的理论基础知识和丰富的教学经验，精通业务，治学严谨，教育教学水平高，能力强并形成自己的教学风格，在本校及本学科中具有较高的威望和权威性。

（4）任教学科在学校或全市高考成绩突出，培养的学生有较突出表现，在上级或学校的业务素质考核中成绩显著。

（5）具有一定的教育教学研究和教学改革实践能力，任教以来在学校、市或省承担过学科讲座、学术交流及公开课、研讨课等任务，并在赛课、学生竞赛活动、论文发表及获奖方面有良好表现，在一定范围内具有一定的知名度。

（四）参评对象

参加工作 10 年以上，中学高级职称，长期在教学一线执教；且任教以来担任教研组长或班主任职务累计 6 年以上；同时是省级骨干教师或教学能手。（注：年级主任、音乐美术教研组长、中层以上领导不在评选范围内）

（五）评选办法及数量

（1）个人申报，教研组推荐，资格审查，学生评议，学校考评，委员会审定。

（2）鉴于学校首次评定学科首席教师，本次评定数量将不超过学科总数的 50%。

（六）任职责任

（1）自觉遵守学校的制度，维护学校的利益，扩大学校的影响力。

（2）主动承担学校的学科示范课、观摩课和专题学术讲座，每学年至少两次。

（3）指导本学科的教学改革和教研科研，在新课改方面发挥引领示范作用。

（4）关心青年教师，带 1～2 徒弟，指导帮助青年教师快速成长。